汉语国际推广与中华文化传播研究

沈　峥◎著

汕头大学出版社

图书在版编目(CIP)数据

汉语国际推广与中华文化传播研究 / 沈峥著. — 汕
头：汕头大学出版社，2021.7
ISBN 978-7-5658-4410-2

Ⅰ.①汉… Ⅱ.①沈… Ⅲ.①汉语－对外汉语教学－
教学研究②中华文化－文化传播 Ⅳ.①H195
②G125

中国版本图书馆 CIP 数据核字(2021)第 162691 号

汉语国际推广与中华文化传播研究
HANYU GUOJI TUIGUANG YU ZHONGHUA WENHUA CHUANBO YANJIU

著　　　者：	沈　峥
责任编辑：	黄洁玲
责任技编：	黄东生
封面设计：	郭宝鹰
出版发行：	汕头大学出版社
	广东省汕头市大学路 243 号汕头大学校园内　邮政编码:515063
电　　话：	0754-82904613
印　　刷：	蚌埠市广达印务有限公司
开　　本：	787mm×960mm　1/16
印　　张：	11.25
字　　数：	202 千字
版　　次：	2021 年 7 月第 1 版
印　　次：	2023 年 10 月第 1 次印刷
定　　价：	69.80 元

ISBN 978-7-5658-4410-2

作者简介

  沈峥,汉族,1968年出生,副教授,硕士生导师。主要研究方向为历史文献保护与中华文化传播。从事教学科研工作多年,担任多门课程的教学工作,具有丰富的教学经验。已主持完成国家社科基金项目1项、省部级项目1项、地厅级项目3项,参与各级项目研究5项;主持完成教学项目4项,出版专著《云南少数民族古籍保护研究》《云南少数民族文字碑刻及数字化保护研究》,先后在《云南民族大学学报(社科版)》《图书馆理论与实践》《图书馆工作与研究》等刊物上发表学术论文30余篇。

前　言

随着中国国际地位的提高,全球出现了"汉语热"的现象。在"一带一路"倡议下,中国特色大国外交的开展以及人类命运共同体的构建,为汉语国际推广提供了良好的发展机遇。

汉语国际推广应该将弘扬汉语和中华文化结合起来,以"润物细无声"的方式说好中国故事,传播好中国声音,让世界更深地认识中国、了解中国,为"一带一路"建设铺路搭桥;通过与国外民众的平等沟通与交流互动,维护良好的大国形象,开展和平外交;发挥语言文化的情感纽带作用,增信释疑,为构建人类命运共同体贡献力量。

语言是一种表达工具,但语言又不纯粹是一种表达工具,它与一个民族的文化心理、思维方式、生活习惯、民风民俗等密切相关。它记录了一个民族的文化踪迹,成为延续历史、贯通过去与未来的文化血脉。汉语中蕴藏着中华民族丰富的生存智慧,承载着中国人独特的思维方式、中华民族的精神信念和悠久的历史、灿烂的文化。

文化是一个国家的灵魂,也是其历史发展和民族精神的印记。它也是延续人类文明的基本手段,已经成为衡量一个国家综合实力的重要标准,世界各国都越来越重视本国传统民族文化的保护和传承。中华文化具有强大的生命力,在历史发展的长河中是迄今为止没有断裂的文化传承,一直为人类延续着文明的火种。中华文化既包括光辉灿烂而又神奇深邃的古老文化,又含有各民族交织、中外交融的现代文化。在世界"全球化"的今天,做好中华文化的传播,将中华文化融入国际多元文化的大潮中去是我们的责任。

语言和文化相辅相成、不可分割,语言是文化的载体,文化是语言的内涵和延伸。文化的传播也要通过语言特别是书面语来实现,美国语言教学家拉多在《语言教学:科学的方法》中指出:"我们不掌握文化背景就不可能教好语言,语言是文化的一部分,因此不懂得文化的模式和准则就不能真正学到语言。"汉语国际推广是对母语为非汉语的人群进行的汉语教学,在第二语言教学中融入中华文化尤为重要。通过汉语国际推广,能够使更多的人认识中华文化,了解中华文化的魅力,提升中华文化在世界的影响力。

汉语国际推广是针对外国汉语学习者进行的。这些学习者又分华人、华侨和毫无中华血缘关系的外国人。华人华侨,其学习汉语目的比较多,他们除了想获得系统的汉语知识、比较理想的汉语交际能力外,很重要的一个目的是学习祖籍国优秀的传统文化,从中找到一种归属感,这就是文化寻根。而外国人学习汉语的目的相对单纯,一般为实用性目的,或为工作需要,或为学习需要,当然也有少部分出于了解中国文化的需要,但其主要目的是学习汉语知识和汉语交际技能。

由于汉语国际推广的教学对象的多样化,造成他们对中华文化知识的学习诉求是不同的。针对不同的学生对象应该怎样学习中华文化知识,尤其是怎样在外国人学习汉语过程中做到学习中华文化,这就需要做到汉语教学与中华文化的相互契合,在学习汉语知识和汉语交际技能的同时,润物细无声、潜移默化地认知中华文化的魅力。

要做到汉语教学与中华文化的契合,需要汉语学习者用掌握的中华文化知识来增强汉语的实用性,提高其跨文化交际的能力。本书针对汉语作为第二语言学习对象的特点,探讨汉语学习与中华文化有机结合的问题。考虑到汉语学习者的不同层次,在中华文化知识的选取上应该遵循求同存异、大众化、普及化、时代性的原则,选择中华文化传播的相关知识进行介绍。读者通过本书的学习,既能了解掌握中华文化的基本知识,又能增强汉语的实用性,提高跨文化交际能力,具有学术研究价值和应用价值。

本书共由九章组成。第一章总体介绍了汉语国际推广与中华文化传播的关系。第二章到第九章对各选取内容进行介绍,具体是:第二章为中国哲学思想与汉语国际推广;第三章为汉字文化与汉语国际推广;第四章为中国民俗文化与汉语国际推广;第五章为中医药文化与汉语国际推广;第六章为中国影视作品与汉语国际推广;第七章为中国传统建筑文化与汉语国际推广;第八章为中国传统艺术文化与汉语国际推广;第九章为旅游文化与汉语国际推广。

中华民族有着深厚的、绵延几千年的文化传统,中华文化内容十分丰富。在全球化背景下,汉语国际推广应与中华文化有效地融合在一起,从主观思想上提升自身的文化传播意识,不断创新、最大化利用各种语言文化一体式教学方式,有效地将中华文化同汉语教学有机地结合在一起,从而使汉语学习者在更好地了解并掌握优秀汉语文化历史发展的基础上,从整体上不断提升自身汉语的学习和应用能力。

作　者

2021 年 4 月

目 录

第一章 汉语国际推广与中华文化传播的关系

汉语是一门古老的语言,世世代代传承下来,在承载着语言知识的同时,也承载了中国人的价值观念、思维方式等。只有了解了这些汉语知识的真正内涵,才有可能把汉语学好。怎样在汉语国际推广中创造一种轻松愉悦的氛围,更加直观便捷地学习汉语知识及其文化内涵,是值得我们深入探讨的课题。

一、汉语国际推广的兴起与发展

(一)汉语国际推广历史溯源

汉语国际推广最早可以追溯到汉代,自张骞凿空丝绸之路为中外交流打开大门始,沿着丝绸之路而进行的经济贸易交往,带来了最早的汉语推广与交流。

东汉时期佛教传入,为翻译佛经,东汉明帝永平九年(66年)为功臣子弟设立学校"四姓小侯学",其声名日彰,"匈奴亦遣子入学"。教匈奴子弟学汉语,便有对外汉语教学的意味了。

到魏晋南北朝时期,佛教空前兴盛,经书的翻译尤为重要,因此佛教中的一些僧侣成为汉语学习者。

东晋十六国时期,后秦高僧鸠摩罗什(343—413年)是中国汉传佛教四大佛经翻译家之一,他在后秦弘始三年(401年)姚兴攻伐后凉,被请入长安做国师。之后十余年间,罗什悉心从事译经和说法。他号称弟子三千,率弟子共译佛经74部、384卷。这一时期在敦煌、酒泉、张掖等地,有许多汉语教学的场所。

隋唐时期,中外经贸往来和文化交流更加频繁,给汉语推广带来新的高潮。唐王朝为此制定了官派留学生制度,设立鸿胪寺对留学生进行专门管理。

外国留学生得到中国皇帝的批准后,一般都安置在国子监读书,分别入太学、国子学、四门学、律学馆、书学馆、算学馆学习。主要学习内容有《礼记》《尚书》《春秋》等。据《新唐书》载,贞观年间"四夷若高丽、百济、新罗、高昌、吐蕃,相继遣子弟入学,遂至八千人"。

宋朝时期,由于经济文化的繁荣,吸引许多国家派留学生来中国学习语言、文化和技术,如高丽、日本、越南等。尤其是中国的文字对越南影响很深,越南曾长期使用汉字。在 13 世纪和 14 世纪之交,越南人以汉字为素材,运用形声、会意、假借等造字方式创制了自己的文字"字喃"。两宋时期和西亚地区的关系也有进一步的发展,10 世纪初到 13 世纪初,大食曾遣使 39 次,广州成为外国人聚居之地,因此建立"坊"学,以外侨子女为教学对象,教学内容为汉语和汉文化。

元帝国是中国历史上疆域规模最大的朝代,开创了中西交通的新时代,客观上为中外文化的交流与传播创造了一个前所未有的良好环境,这为汉语国际推广创造了条件。为进行汉语国际推广,元末明初有人编著了最早的汉语教材《老乞大》和《朴通事》。教材以当时的北京话为标准音,专供朝鲜人学习汉语,其内容都是日常会话,涉及旅行、风俗习惯、典章制度等等,对汉语学习者来说,十分实用,而且饶有趣味。其在对外汉语教材发展史上的地位十分重要。这一时期,天主教来到中国,其主教孟高维诺在中国居住了 30 多年,翻译了很多圣经的经文和诗篇。

明清时期,随着传教士的不断到来,对传教士的汉语教学处于非常重要的地位,出现了像徐光启这样的中国科学家与传教士一起翻译或者合著科学著作。传教士写出了一系列汉语传教著作和介绍西学的著作。据不完全统计,明清两朝传教士共撰写中文著作 229 部。来华的传教士开启了欧洲汉学研究的风气,拉开了欧洲人汉语学习的序幕。

晚清时期,形成了西方人学习汉语的第二个高潮。

如留学法国的黄嘉略到达巴黎后,成为法国汉语教学的奠基人,为法国人学习汉语专门编写了《汉语语法》(1716 年)和《汉语词典》。

罗明坚和利玛窦编写的《葡汉词典》,是最早的汉语欧洲语言双语词典。

据研究,1575—1849 年,传教士曾编过 100 多种汉语或汉外对照类辞书,还编了多语对照词典。1626 年,比利时的传教士金尼阁和中国人王征合作写了《西儒耳目资》一书;佛朗西斯科·瓦罗(中文名:万济国)用西班牙语所写的《华语官话语法》,1703 年在广州出版;1728 年,法国传教士马若瑟的《汉语札记》,开启了近代汉语语法的基石。

民国时期(1912—1949年),世界范围内学习汉语的人数非常有限。但是出于中外交流的需要,一些外国机构通过民间渠道聘请中国老师出国任教,如老舍、萧乾曾在英国教授汉语;也有一些外国人出于对中国语言文化的兴趣来中国留学;另外一个重要的方面就是教会和传教士在华组织的汉语教学。如燕京大学为最大规模的语言培训学校,其课程设置以汉语课程为主,兼及中国历史与文化。教学方法上采用当时国际上最先进的以听为主的直接法进行教学。该校培养了一批杰出的汉学家、外交家,如裴德师、司徒雷登、史迪威、恒安石、费正清等,对汉语言文化向美国传播以及中美关系的发展都产生了深远影响。

(二)汉语国际推广的当代发展

20世纪50年代,中华人民共和国的对外汉语教学事业从无到有,初步确立。

1950年9月,清华大学承担中华人民共和国成立以来的首批外国留学生的汉语培训任务,开办了"清华大学东欧交换生中国语文专修班"。

1951年1月,专修班33名留学生全部正式上课,教材是邓懿等利用赵元任在美国使用的《国语入门》临时改编的。

1958年9月,我国第一部对外汉语教材《汉语教科书》出版。该教材积极贯彻国家的语文改革政策,推广汉语拼音和汉语普通话,尤其是语法部分的编写,奠定了对外汉语教学语法体系的基础,对后来中国对外汉语教材的编写产生了深刻影响。

1965年初,外国留学生高等预备学校更名为"北京语言学院"(以下简称"北语")。北京语言学院致力于对外汉语的教学、科研、师资培养以及国内外文化交流等,逐步成为当代汉语国际推广的骨干和"龙头"。

从70年代末至80年代末,这一学科有了新发展。1978年,北语的吕必松教授提出"应当把对外国人的汉语教学作为一个专门的学科,设立相应的专业,成立专门的研究机构"。1983年北语首次设立对外汉语本科专业。对外汉语教学学科地位正式确认。

1984年12月,时任教育部长何东昌在外国留学生工作会议的报告中明确指出:"多年的事实证明,对外汉语教学已经发展成为一门新的学科。"经过多年的探索与实践,形成了比较完备的教育体系和课程体系。

1986年北京大学和北京语言学院开始培养对外汉语专业的硕士研究生。

1997年在北语建立了全国第一个带有对外汉语教学方向的语言学及应

用语言学博士学位点。这样,对外汉语的师资培养有了从本科到博士研究生的完整的学历教育体系。

1984 年教育部委托北京语言学院成立专门机构,开始研制汉语的水平测试。

1987 年 7 月,国院批准成立了国家对外汉语教学领导小组(简称汉办),统一领导和协调全国的对外汉语教学工作,由国家教委管理。从此,我国的对外汉语教学事业走上了更加有计划、有组织的快速发展道路。国家汉办的成立及其后所做的大量工作,极大地推动了我国对外汉语教学工作的发展。

1990 年汉语水平 HSK 考试研究通过了国家教委组织的专家鉴定。

1990 年原国家教育委员会颁布了《对外汉语教师资格审定办法》。1996年重新修订,使对外汉语教师资格审定更加科学。

1993 年,汉语水平考试正式成为国家级标准化考试。同时组织编写了教学大纲和教材。

2006 年,"国家对外汉语教学领导小组办公室"更名为"国家汉语国际推广领导小组办公室",标志着对外汉语教学进入一个全新的时期:从"请进来"转变为"请进来"和"走出去",也预示着今后的对外汉语教学更加主动、积极。国家汉办经培训,派出多名汉语教师和志愿者,到国外发展汉语国际教学。

2007 年设立的汉语国际推广专业硕士学位,为提高我国汉语国际推广能力,加快汉语走向世界,改革和完善国际汉语教学专门人才培养体系做出了重要贡献。其培养目标为适应汉语国际推广工作,胜任汉语作为第二语言/外语教学的高层次、应用型、复合型专门人才。

2004 年自第一所孔子学院在韩国建立以来,其发展迅速。孔子学院已成为世界各国人民学习汉语和了解中华文化的园地,成为中外文化交流的平台,成为加强中国人民与世界各国人民友好合作的桥梁。

2008 年 10 月,胡锦涛在十七届三中全会讲话中指出:"要稳步推进孔子学院建设,促进汉语国际推广。"由于国家领导人的重视,汉语国际推广上升为国家战略。

汉语国际推广的蓬勃发展与国家的高度重视是密不可分的。2017 年,中共中央办公厅、国务院办公厅印发的《关于加强和改进中外人文交流工作的若干意见》中明确指出:"着力加大汉语国际推广力度,支持更多国家将汉语教学纳入国民教育体系,努力将孔子学院打造成国际一流的语言推广机构。"时至今日,汉语国际推广工作取得了令人瞩目的发展。

国家汉办网页数据显示,截至 2020 年,全球已有 162 国家(地区)设立了

541 所孔子学院和 1170 个孔子课堂。其中,亚洲 39 国(地区),孔子学院 135 所,孔子课堂 115 个;非洲 46 国,孔子学院 61 所,孔子课堂 48 个;欧洲 43 国 (地区),孔子学院 187 所,孔子课堂 346 个;美洲 27 国,孔子学院 138 所,孔子 课堂 560 个;大洋洲 7 国,孔子学院 20 所,孔子课堂 101 个。

2020 年 7 月,中外语言交流合作中心设立,其目的是致力于为世界各国 民众学习中文、了解中国提供优质的服务,为中外语言交流合作、世界多元文 化互学互鉴搭建友好协作的平台。具体负责统筹建设国际中文教育资源体 系,参与制定国际中文教育相关标准并组织实施;支持国际中文教师、教材、学 科等建设和学术研究;组织实施国际中文教师考试、外国人中文水平系列考 试,开展相关评估认定;运行国际中文教育相关品牌项目;组织开展中外语言 交流合作等。

(三)当前汉语国际推广的模式

1.华文教育模式

华文教育历史悠久,目的是为了使华侨华人子弟传承本族语言和文化,因 此其内容丰富、形式多样、影响深远。海外华文教育的对象主要是华裔少年儿 童,因此华文教育积累了面向华裔少年儿童开展汉语言文化教育教学的丰富 经验,值得认真总结和借鉴。

如今,华文教育主要由国务院侨办的文化司负责推动,为华文教育工作提 出政策建议,并拟订华文教育规划等。华文教育的内涵是中华民族语言和中 华优秀传统文化在海外华侨华人社会中的教育、弘扬与交流,海外华文教育的 主要作用在于使海外侨胞能够传承中华文化、保持民族特性,增进海外华侨华 人社会发展的内在动力。

国务院侨办下属的中国华文教育基金会专门为海外华文教育事业提供指 导与服务,先后创建了华文师资培养工程、华文教师暖心工程、华裔青少年中 华文化传承工程、传统节庆文化活动拓展工程、华文教辅材料开发工程、华文 教育现状调研工程等系列华文教育项目,为海外华文学校解决了许多严重制 约华文教育健康发展的困难,如培养师资、编写教材、提供先进的教学手段、解 决办学经费不足问题等。

海外华文教育极大地丰富了汉语国际推广知识体系,其遭遇的许多重大 问题也需要汉语国际推广给予理论上的总结、解释和阐述。

2.孔子学院模式

自 2004 年 11 月全球第一所孔子学院在韩国的首尔挂牌以来,由国家汉办在世界各地创建的孔子学院和孔子课堂承担了汉语国际推广的主要任务。其职责是开展汉语教学和中外教育、文化等方面的交流与合作,其所提供的服务包括:"开展汉语教学;培训汉语教师,提供汉语教学资源;开展汉语考试和汉语教师资格认证;提供中国教育、文化等信息咨询;开展中外语言文化交流活动"。

3.中国文化中心模式

目前,由文化部主导的中国文化中心是以政府间文化交流协议为基础在海外设立的机构。中国文化中心提供汉语教学、武术培训、舞蹈培训、烹饪讲座、艺术展览、文艺演出等各类文化活动和信息服务,也是所在国民众了解中华文化的重要窗口。

今天由中国提出的"一带一路"倡议得到了越来越多国家的响应和支持,并与沿线国家的经济发展战略进行对接,陆上和海上丝绸之路经济带已逐步形成,且正在稳步向前推进。在这样的新形势下,为汉语国际推广大踏步走出去,创造了更加有利的条件和新的机遇。

二、中华文化及其传播的意义

(一)中华文化简介

中华文化是随着中华文明不断演化而逐渐汇集和形成的一种深刻反映中华民族精神特质和文化风貌的民族文化,是中华民族社会历史上各种重要政治文化思想、观念意识形态的一种总体文化表征。它泛指那些居住在中国历史地域内的人为中华民族所共同创造,为我们中华民族世世代代得以继承和发展,具有鲜明中华民族特色,历史悠久、内涵博大精深、传统优良的民族文化。

中华民族有着深厚的绵延几千年的文化传统,其内容十分丰富。它由物质文化和非物质文化两部分组成。物质文化是看得见摸得着的物体,如文物、历史建筑、人类文化遗址、秀美山川、地理风貌、风景区、传统物品等等;非物质文化是指那些非实体形态的、有深厚艺术价值或历史价值的文化,是人类在社会历史实践过程中所创造的各种精神文化。其内容非常丰富,包括思维文化、艺术文化、饮食文化、健身文化、习俗文化等。

①思维文化:民族发展过程中自然形成的特有的思维方式和某种信仰,主要是指哲学思想、思辨方式、宗教信仰等。

②艺术文化:具有国家和民族特色的文学作品、绘画、音乐、舞蹈、戏剧、曲艺等文化门类和建筑、雕塑、剪纸等艺术作品。

③饮食文化:饮食习惯及酒文化、茶文化和主要菜系等,同时还有饮食器具等。

④健身文化:包括中医中药文化、武功、拳术等。

⑤习俗文化:贯穿在日常社会生活和交际活动中不同民族所特有的习俗,包括婚丧、称谓、禁忌、问候语等不同方面。

中华文化具有以下特点:

一是博大精深并且内容多样化。

二是历史悠久,世代相传。在历史长河中许多古文明都已被掩埋或中断,只有中华文明一直延续下来,从未出现过文化断层。

三是具有民族特色。其以远古时代华夏文化为核心,同时吸纳了国内各民族文化的精华,形成了一个有机的统一体。

(二)学习中华文化的必要性

中华文化作为中华民族的符号象征以及中华民族的文化根基,是中华民族历代人民的智慧结晶,在社会道德、民族凝聚力和优良传统形成过程中起了重要作用。随着中华民族的世代迁徙和不断融合,中华文化也在不断地积累、沉淀、传播与发扬,成为自立于世界民族之林的一道独特的风景线。它形成了许多代表中国的文化符号,如:四大发明、汉字书法、儒学、中国画、中医药、中华诗词、瓷器、中国龙、中国菜、中国节日、长城、故宫等。中华文化是中国人的根,也是中国最深厚的文化软实力。中华文化发展至今,又生成了丰富多彩、中外交融的新文化,这些新文化依托传统文化接续发展,不断繁衍,从而影响着每一个中国人的人生观,甚至也影响着每个人的行为方式。中华文化体现出中国人民坚强不屈的精神,体现了中国人独具特色的个性,是中国人民永恒的精神财富,值得我们去传承与传播。

通过学习,了解中华文化的发展历程,能更好地弘扬中华民族传统文化和民族精神,继承优秀文化,创造出有中国特色和时代特色的新文化,更能增强文化自信。在全球化的今天,世界的联系更加紧密,随着中国的国际地位和影响力不断提高,中华文化在世界上发挥的作用也在日益增大,"汉语热"推动了对"东方智慧"的探索。在新时代背景下,继承和向世界传播中华文化是每个中国人都应该责无旁贷肩负起的重任,也是促使我们学习中华文化的内在动力。

(三)中华文化传播的意义

文化是一个国家的灵魂,也是其历史发展和民族精神的印记,中华传统文化更是连接中国与世界的纽带。中国属世界四大文明古国,中华文化是人类文明的一个重要组成部分。在过去,世界的话语权被牢牢掌握在西方国家手里,他们的思维模式与价值判断在全球文明架构中占据了主导地位,而相对弱势的东方文明一直处于被轻视甚至被误解的状态。如今我们对中华文化的推广,在一定意义上是对世界文明格局的重建,是东方文明逐渐获得平等地位的表现,是世界对中华文化的再一次发现与肯定。当今全球化是大势所趋,弘扬中华文化,有利于世界文化的多元化发展,能够促进人类文明的发展与繁荣。跳出中华文化在国内的传播,在对外传播的过程中,中华文化更多地承担了"塑造中国形象、传播中国声音"的任务。

中华传统文化不仅仅是一个个的"符号",也是中国人民和中华民族的活名片。源远流长、博大精深的中华文化一直在历代中国人民的不懈努力之下传承着、发展着、传播着。中华文化的传播,对于中国的世界化发展具有重要的推动意义,通过中华文化传播,能够使世界人民改变和加深对中国的印象,更能在深层次上认识中国这一世界上发展最快的大国,对于中国的国际影响力提升有着重要的推动意义。随着"一带一路"的发展、"茶马古道"的复兴,世界政治、经济、文化各个方面不断交流融合。面对世界各国各民族优秀传统文化的碰撞交流,在西方新思想浪潮的推动下,中华文化也正以自己的方式,不断传向世界的每一个角落。世界人民也越来越多地对历史悠久、内涵丰富的中华文化感兴趣,不再认为"中华文化"是落后、腐朽的代名词,人们开始想要学习和了解中华文化。

在全球一体化发展进程不断加快的今天,要想提升国际交流中的地位,就必须让更多的世界人民认识到中华文化的魅力,领略中华民族的伟大精神,因此有必要通过汉语国际推广以及中华文化国际传播的途径,让中华民族优秀传统文化的代表——"汉语"走出国门,走向世界,进而为中国国际影响力提升奠定文化基础。第一所孔子学院建立之后,越来越多的孔子学院和孔子课堂在世界各个角落蓬勃发展起来,通过语言学习的方式,中华文化在异国他乡加速落地生根,这也给中华文化在世界范围内的传播提供了一个全新的渠道。

三、汉语国际推广与中华文化传播
有机结合的必要性

(一)语言和文化的关系

语言和文化有着不可分割的关系。语言是一面镜子,反映着一个民族的文化;语言又像一个窗口,揭示着一个民族的文化内涵。学习语言的同时就是学习一种文化,"为语言而研究语言""为语言而学习语言"是不可能真正学好某种语言的。语言中渗透了文化,文化又靠语言来记录和阐释。只有深刻体会到某种语言中的文化意蕴的人,才能称得上真正掌握了这种语言。

语言作为文化的载体和流传媒介,是文化的外在表现形式。一种具体的民族文化中必然蕴含着形态万千的抽象语言系统,在文化的发展进步过程中,与之相对应的语言又会得到不同发展,语言和文化是相互依存、互相影响、共同发展的。文化包括语言,语言是一种特殊的文化现象;语言是文化的载体;语言又是文化的传播方式。语言是一个民族精神的所在,透过一个民族的语言系统可以折射出它所代表的民族的社会风貌、人群心理、道德观念、自然地理、政治制度、社会形态等不同维度,而人的社会性决定了任何人不可能孤立存在,尤其是在现在这样一个开放又先进的社会里,正是在不同人群、不同种族的相互交流与文化渗透中,社会才会不断进步。语言则是这种文化传播和交流的载体,所以说文化和语言是相互依赖、相互影响的。了解了语言和文化之间的关系,对我们学习一门语言有巨大帮助,我们不能片面、孤立地去学习一门外语,而只能通过不断加深了解目的语国家或地区的文化,才能真正透彻地去学习和掌握一门语言。

语言作为文化的载体,其推广与文化传播紧密相连。借助语言教学来推广本国文化,已成为很多国家传播文化的重要方式,甚至将此列入国家的外交政策和对外宣传战略之中。当前,我们坚持打开国门搞建设,积极促进"一带一路"国际合作。在此背景下,利用汉语国际推广传播中华文化,有助于增进中国与世界其他国家的文化沟通,从而进一步树立良好的国家形象。党的十九大报告指出,要"加强中外人文交流,以我为主、兼收并蓄。推进国际传播能力建设,讲好中国故事,展现真实、立体、全面的中国,提高国家文化软实力"。在全球"汉语热"持续升温的情况下,我们要积极利用汉语国际推广来传播中国文化,使世界上越来越多的人了解中国文化,甚至深入理解我们的文化,从而不断提升我国文化的软实力。

(二)汉语与中华文化的关系

汉语作为中华文化的重要载体,形象地记录了中国历史发展和中国人思维变革的历程,所以文化学习对于语言的掌握起着"他山之石,可以攻玉"的作用。汉语是中华文化最基础、最核心的部分,它既是汉文化的重要载体,又是了解汉文化的重要途径。

中华文化同汉语语言二者之间是相辅相成、密不可分的关系,中华文化传播的核心载体就是汉语教育;反之,汉语语言的根基就是中华文化。在汉语语言发展过程当中,汉语发音、汉字构造、汉语词汇等都有着丰富的文化内涵,想让汉语学习者切实有效掌握汉语这门语言,就要求汉语学习者了解汉语语言的历史文化,具备良好的汉语运用能力,同时还要求具备浓厚的学习兴趣。

首先,汉语与民族精神的结合。汉语是中华文化的重要代表,其中不仅蕴含了中华民族上下五千年形成的文化内涵,更蕴含了中华民族的伟大民族精神。以"中秋"为例,它不仅代表了一个中华民族的传统节日,更体现了中国人民对阖家团圆的向往,体现了中华民族从古至今的念家精神,只有将中国人民的这种民族精神融入"中秋"二字中,才能全面理解汉语文化的魅力,为汉语国际推广与中华文化传播奠定基础。

其次,汉语与文化传承的结合。文化是经过历史传承而沉淀下来的,尤其是汉字文化,是经过了中华民族几千年来的不断传承,而最终形成的中华民族特有的文化体系。

再次,汉语与时代创新的结合。文化是动态发展的,并不是一成不变的,理解这一点在汉语推广与中华文化传播的实践中尤为重要,尤其是在全球一体化的当今时代,必须将汉语国际推广与时代创新相结合,才能够为中华文化传播提供创新的保障。例如,汉字文化随着时代的发展逐渐转变,毛笔字由实用功能发展成为文化艺术,并且随着时代的发展,文字的书写方式以及文字的写法都发生了改变,这是汉语的时代创新的最明显体现。在汉语国际推广中更要注重对时代创新的融合,为中华文化国际传播提供时代助动力。

当前在全球范围内,虽然学习汉语的人数与过去相比有了显著上升,但汉语国际推广工作仍需进一步加强。同时,我们也发现一些国家对中国的文化还知之甚少,加之一些西方媒体因意识形态偏见对中国的不实报道,使很多国外普通民众难以认识真实的中国,甚至对我们抱有不少敌意。因此,我们急需通过有效的对外传播工作消除他们对中国文化的误解,加深他们对中国现实的理解和认知。我们必须下大力气做好汉语国际推广工作,借此更好地传播中国文化,这是进一步开展对外宣传工作的有效途径。有学者指出,"语言教育与文化传承和传播是相辅相成的,语言为津梁,文化为舟楫"。利用汉语国际推广传播中国文化、促进文化交流具有重要意义。中共中央办公厅、国务院办公厅印发的《关于加强和改进中外人文交流工作的若干意见》指出,"要构建语言互通工作机制,推动我国与世界各国语言互通,开辟多种层次语言文化交流渠道。着力加大汉语国际推广力度,支持更多国家将汉语教学纳入国民教育体系,努力将孔子学院打造成国际一流的语言推广机构"。每一位汉语国际推广工作者都是中国文化传播的开路先锋,既然选择了国际汉语教师作为职业,就肩负着传播中国文化的重要使命。汉语国际教学决非单纯的语言教学,教师应着眼于中国文化的有效传播,使国外学生在掌握语音、词汇、语法、汉字等教学内容的过程中更多了解背后蕴含的文化价值和意义,更深入地体会中国文化的博大精深、丰富多彩。这样才能使他们真正了解和热爱中国的历史文化和现实发展,从而更客观地理解中国的和平崛起,更好地接受我们的价值观念。因此,我们要积极利用多种途径加大汉语国际推广力度,以便更好地传播中国文化。

汉语国际推广和中华文化传播之间是存在着相辅相成的关系的,语言是文化的载体,要想实现中华民族悠久文化的向外传播,并不断扩大其国际影响力的话,那么就必须要紧密地依托于汉语国际推广,将其作为文化传播的重要载体和关键媒介。并且在汉语语言的发展及成熟环节当中,在各个层面均蕴含着大量的文化内涵。例如,在汉字的书写和构造当中,蕴含着古人对于世间万物的深切思考;在汉语的词汇,即包括成语、俗语和民间俚语的构成当中,也包含着千百年来所流传下来的生活经验和自然观察。若欲使被教育者掌握汉语这门语言的话,首先就需要让他们对汉语的发展及成熟有一个较充分的了解,也就是做到在了解历史文化的基础上,提高他们的汉语表达能力。当向汉语为第二语言学习者进行汉语知识教育时,枯燥的文字教学和理论知识传授,很难引发他们的情感共鸣,更多的是需要将中华文化的悠久历史和一些民间故事融入其中,才能激发学习者的学习兴趣,这样既能做好汉语国际推广又能助力中华文化的传播。

(三)汉语国际教育的产生及任务

在经济全球化背景下,随着各国的频繁交流,语言及其承载的文化也在不断地交流、碰撞和融合。随着中国的世界影响力日益增强,全球形成了一股新的汉语学习热潮。致力于汉语国际推广与中华文化传播的汉语国际教育专业应运而生。汉语国际教育旨在进行国际范围内的汉语文化推广,在对汉语语音、词汇、语法、语用等教学的同时,也推动中华文化走向世界,对消除西方社会对中国的文化误读,为世界各国建造通向中国的友谊之桥,促进世界和平均具有重要意义。汉语教学是汉语国际教育发展的核心和重心,同时也承担传播中华文明和悠久历史文化的任务,通过知识文化的相应渗透,可以使得学生的知识面获得相应的拓展,而不只是针对汉语的表达和听、说、读、写的培养,更多的是需要学习汉语背后所蕴含的丰富中华文化。

汉语国际教育首先要体现的是汉语的特色;其次要体现将汉语作为第二语言进行教学的特色;再者就是要体现汉语所承载的中华文化的特色,这是提升汉语国际教育质量的有力保证。因此,汉语国际教育必然承担中华文化传播的责任。其基本任务包括:

第一,帮助外国的汉语学习者快速、高效地学习、掌握好汉语,特别是汉语书面语;

第二,培养外国学生较好的包括语言能力、文化品格、思维品质和学习能力各项综合的汉语素养;

第三,进行基础性汉语言文字教学;

第四,培养学生全面综合运用汉语的能力;

第五,有效地将中华文化同汉语教学有机结合在一起,从而让汉语学习者在充分了解并掌握优秀汉语文化的基础上,更好地从整体上不断提升自身汉语应用能力。

汉语学习者应把语言学习作为一种文化的学习,在语言学习中融入中国文化元素,并在与世界文化的比较中领略中国文化的优势。这不仅可以激发汉语学习者的学习兴趣,还可以使各国人民更深入地了解中国文化,达到"一石二鸟"的效果。这种学习方式也革除了单纯的语言学习中"只见树木,不见森林"的局限性,满足了国际汉语学习者的多元化需求。

在全球背景下,汉语国际教育工作者必须要担负起传播中华文化的历史使命和责任,从思想意识上认识到汉语文化教学的重要性,有效地将中华文化融入汉语教学中,根据广大学生的爱好需求,选择适合学生的教学知识内容,同时不断创新教学方法,助推我国文化传播的效果提升,进一步提高汉语国际教育质量,进而更好地培养出专业的汉语人才,助推汉语国际教育事业稳健长远发展。

通过汉语国际教育,能够使更多热爱中华文化的世界人民参与到汉语知识的传播中,逐渐领略中华传统文化的魅力,领悟中华民族优秀传统文化中蕴含的民族精神和气质内涵,为中华文化的国际传播奠定坚实基础。中华文化传播作为一项战略性国家任务,必须立足在汉语国际教育的基础上,通过汉语国际教育这一途径,将中华文化体系逐渐渗透到国际交往中,并逐渐传播给世界人民。例如,中华文化结构中包括物质文化、艺术文化、饮食文化、历史文化等一系列文化,而汉语文化作为这一结构体系的核心和基层文化,是中华文化的重要代表,只有通过汉语国际教育工作的高质量、高效率开展,才能够为世界人们的深层次中华文化学习奠定语言基础。汉语国际教育是实现中华文化传播的重要基础与必然途径。

(四)汉语国际教育中语言与文化教学的融合

汉语国际教育不仅将汉语作为一种语言的教学工作,还将其视为一种思维方式和文化传播媒介,强调将汉语听、说、读、写、译等综合能力的培养与中华文化传播进行有机融合。

北京大学中国语言学研究中心陆俭明教授认为,有成效的文化教育都是将其内容浸润于汉语国际教育的语言教学之中,尤其是浸润于汉语教材之中,做到"随风潜入夜,润物细无声",潜移默化,耳濡目染。要做到这一点,就要求国际汉语教师对中华文化的内容和特质有深刻的认识,正确地掌握将语言教学与文化教学密切结合在一起的技巧。

在汉语国际教育中,为做好汉语推广与中华文化的有机融合,主要方式有以下几种:

第一,汉语国际推广工作者应充分利用孔子学院这一平台,在教授汉语过程中思考如何根据各国不同的语言文化背景推广中国文化,使文化传播与目标国的经济、政治、法律、教育等特点有效对接,特别要思考如何提供更多具有针对性和创新性的文化产品,从而使其他国家更好地接受中国文化。

第二,在相关专业的课程设置方面,要根据实际情况增加文化类课程以及语言与文化密切结合的课程,防止出现单纯注重语言讲授而轻视文化解读的现象。

第三,编写出适应汉语推广而又能实现国家文化传播战略的系列教材,提升语言与文化传播的双重叠加效应。

第四,广泛利用各种媒介打造一批具有中国特色、国际影响的语言学习与文化传播有机融合的人文交流品牌,向世界大力推广,增强中国文化的亲和力。

第五,加强相关师资队伍的建设,培养一支不仅在汉语教育方面知识技能过硬,而且在掌握和传播中国文化方面得心应手的人才队伍。

党的十九大报告指出,要尊重世界文明多样性,以文明交流超越文明隔阂、文明互鉴超越文明冲突、文明共存超越文明优越。在实施"一带一路"倡议的过程中,加强汉语国际推广和中国文化传播融合,将更有利于实现政策沟通、设施联通、贸易畅通、资金融通、民心相通,打造国际合作新平台,增添共同发展新动力;同时,也可以更好地消除一些人对我们开展对外交流所产生的误解,如"中国威胁论""新殖民主义"等别有用心的说法。汉语国际教育在承担汉语学习任务、培养学生语言综合能力的同时,还要承担传统文化的教学,进行中国文化传播。当代国际竞争激烈,中华文化作为国家软实力在国际交往中具有非常重要的作用,通过它能让世界更好地了解中国,了解中国悠久的、博大精深的历史文化,从而塑造好负责任的大国形象,提升中国的国际地位,进而使中国能够有足够强大的力量承担、处理国际事务,为世界和谐发展做出大国的贡献。

第二章　中国哲学思想与汉语
国际推广

随着全球化的到来,中外交流日益增多。然而中外文化差异,尤其是中西文化差异导致中华文化传播面临很多障碍,甚至冲突。为了更好、更广地传播中华文化,尤其是中国哲学思想,就需要遵循普遍性、代表性、现代性的原则,选择出合适的内容,使中国传统文化传播取得较好的效果。

2014年9月25日,美国芝加哥大学终止与孔子学院长达四年的合作,10月1日美国宾夕法尼亚大学也宣布2014年年底终止与孔子学院长达五年的合作,更有美国大学教授联合会呼吁100多所大学重新审视与孔子学院之间的协议。虽然事情已经过去了,可其中错综复杂的原因仍然值得我们每个汉语国际教师深思。孔子学院遭到美国大学抵制的原因避开两国的政治博弈、美方对自身文化不自信不说,除了孔子学院的官方背景和所谓孔子学院干扰其学术自由外,更深层次的原因就包括中国传统文化中类似的等级观念和西方所倡导的平等、自由等核心价值理念之间存在矛盾和冲突,也就是文化差异性所导致的矛盾和冲突。

中国传统文化的发展以中国哲学思想为基础,可以说中国哲学思想就是中国传统文化的根源。中国哲学思想中有专制、等级等糟粕,亦有仁爱、德政、和谐、重人、守信等精华,不应该因为糟粕而掩盖其精华。

分析中西文化差异性的渊源,将中国哲学思想与西方思想进行对比,寻找中西文化中思想的相同或相似之处,并把这些相同或相似的思想与多个学科思想相连,扩充可传播的思想文化,延伸中国哲学思想的广度与深度,才能在汉语国际推广中更有效地传播中华文化。

一、中西文化差异及原因

由于各自民族的文化历史背景、审美心理的不同而产生文化差异,是在社会的发展、历史的沉淀中约定俗成的,是一种永久性的文化现象。了解中西方文化的差异,有利于我们实现从感性到理性的质的飞跃,排除东方思维负迁移的影响,为做好中华文化的传播打下基础。

(一)中西文化差异的表现

1.思想观念上的差异

自由观:中国人追求精神的自由,但把自由、民主看成是君主权贵的赏赐。所以人们总在渴望青天,希望能有好官的出现为民谋利。西方的民主政治认为,政出于民,一切的政权只是人民授予、由政府来行使的一种公权力。

法制观:中国人主张用礼、道德来约束,通过先贤的教诲和学习提高自己的修养,讲究克己复礼,有时会导致出现人格的缺陷,丧失独立的人格。西方人则认为人的原欲是不应该被压制的,对于社会和个人的规范,主张用"法制",通过制度,如三权分立的组织、政治机构来约束制约,道德则处于从属的地位。

集体观:中国人更看重集体利益,包括家族利益、国家利益,主张控制自己的欲望,反对极端个人主义和英雄主义,往往把个人利益和集体利益、国家利益联系在一起,富于爱国和献身精神。而西方人更重视个体利益,追求人权,崇尚自由,认为如果连个体利益都无法保障,更谈何集体利益,正是这样的思想认识,最终推动了西方民主政治的发展。

科学观:中国人更相信先人的经验和权威,相信古人甚至超过相信今人,迷信权威,有时缺乏创新和探索精神。而西方人重视实践和理论,富于探险精神,倡导理性思维,通过正规的学院式教育对科学成果进行普及和推广,极大地促进了科学的发展,也最终建立了完整的科学体系。

道德观:中国重人情,偏重于中庸、和谐,从人性善的观点出发,强调个体的道德修养。西方重契约、重理智、重竞争,西方的伦理道德是以人性恶为出发点,强调个体的道德教育。

2.思维模式的差异

中国人属于抽象思维或者感性思维,喜欢重视对生命的思考,在对人和人之间、人和自然界之间、人的精神和肉体之间的关系都有深刻的思考。西方人偏重于逻辑思维或者理性思维,更注重于从物质世界入手,去探索和求证问题的本源。

3.为人处世的差异

中国人内敛、自省,喜欢"每日三省吾身",为的是合乎先王之道,把修养身心看得很重,推崇中庸思想,导致思想保守、缺乏创新和开拓进取精神。西方人更热心于公益事业,把服务社会当成自己的职责。

4.生活习俗上的差异

面对赞扬:中国人表现出谦虚,不好意思。西方人会欣然接受并表示感谢。

做饭做事:中国人不太讲究精确,经常用"少许""片刻"之类的词,因此我们看到厨师炒菜时总是根据自己经验添加调料。西方人追求精准,总是弄清几斤几两、几时几刻,他们的厨房里经常放着天平和砝码。

餐桌上:中国人劝客人多吃多喝,尤其是劝酒,吃饭时也喜欢围成一桌共同吃。西方人则尊重客人个人权益,不督促不强求,实行分餐制。

烹饪上:中国人注重色香味等菜肴的形式美感。西方人更多注重食物的营养。

(二)中西文化差异产生的原因

泰纳在西方美学史中提出:文艺创作及其发展趋向,是由种族、环境和时代三种力量所决定的。他把这三者称为"三个原始力量",并依据其作用不同,分别称之为"内部主源""外部压力"和"后天动量"。作为统领文艺的思想文化,决定其存在、发展的力量也包括"种族、时代、环境"三种力量,不同的"环境、时代、种族"造就了不同的文化。

中国因处于一个地理较封闭的环境中,并且华夏文明的发源地——黄河流域是一片土壤肥沃、气候较少异常的区域,培育了典型的农耕文明。小国寡民、自给自足的农耕生活方式赋予了东方民族崇尚自然,天人合一的精神、气质,把天视为主宰自己命运的最大力量,"生死由命,富贵在天"的观念深入百姓的心中。统治者则自称为"天子",并进一步运用"君权神授"的思想,对中国进行了长达2000多年的封建统治。在儒家"君为臣纲,父为子纲,夫为妻纲"的等级观念思想禁锢下,形成人们比较安分保守的特质。因为他们依靠一块土地可以活一辈子,文化比较内向。而且中国的古代文明发源于黄河流域,属于农业文明,"农业文明性格"造就了东方人注重伦理道德,求同求稳,以"和为贵,忍为高"为处世原则。明清时期自由、民主、平等思想才开始萌芽,五四运动、新文化运动使西方文化思想传入后,自由、民主、平等的思想才深入人心,直到中华人民共和国成立以后自由、民主、平等才真正得到实现。现代中国虽然已经有了自由、民主、平等思想，但是由于历史原因，在广度和深度方面与西方相比仍有一定差异，尤其中国传统文化的根源——中国哲学思想与西方思想有太多不同之处。

从地理上看，西方多数国家由于地表破碎，毗邻海洋，气候等先天条件利于发展海上贸易，培育了典型的海洋文明。海上贸易赋予西方民族自由、奔放、征服的品性，西方人喜欢向外探索，文化比较外向，因此，创造了西方文化体系的摇篮——爱琴海文明（古希腊、罗马文明）。而后虽经历了对人性残酷压制的中世纪，但在后来的 14 世纪到 17 世纪文艺复兴、16 世纪到 17 世纪宗教改革、18 世纪启蒙运动对人的重视，18 世纪浪漫主义对人的主观感情的倡导，以及西方国家经过工业革命很早就进入了工业经济时代，"工业文明性格"造就了西方人有较强的斗争精神和维护自身利益的法律意识，形成独立、自由、平等为处世原则。之后的 19 世纪批判现实主义对资本主义黑暗本质的揭露，20 世纪后现代主义反权威、反英雄的兴起，都进一步加强了西方民众崇尚自由、民主和平等，富有冒险进取精神，推崇个人奋斗的思想意识，也扩展了征服欲望和拜金、霸权意识的形成。

中西方由于先天、后天条件的不同形成了不同的文化体系，根本上就存在差异，这种差异使跨文化教学面临很多的问题，特别在当今国与国之间的经济竞争、意识形态的较量越来越激烈的背景下，各国为了防止不同于自己的意识形态的渗透，影响自身政权稳定，对他国的文化更是带有过分的警惕，这又进一步加大了跨文化教学的难度。

为了更好、更广地传播中华文化，就需要汉语国际推广者在承认文化差异性的前提下，坚持以客观事实为依据，在做到不一味迎合他国口味甚至于攻击本国文化、歪曲本国历史的基础上，秉承普遍性、代表性、现代性的原则选取教学内容，避免可能会产生争议或冲突的内容。

二、中国哲学思想在汉语国际推广中的选取原则

（一）普遍性原则

普遍性原则，是指在法律和道德内具有法律合法性的行动，而用这些原则和规则管理人类的行为在人们的可接受及适用性概念中是最普遍的，因此被

认为是最合法的。中国哲学思想国际传播中应该遵循的"普遍性"原则,是指双方共有的思想文化,它是中国传统文化与西方文化同属文化的表现。虽然中西方属不同的思想文化体系,但作为不管是进化论(科学)所说的"人",还是女娲(神话)所造的"人",抑或基督(宗教)按自己的样式所造的"人",人所具有的共性使文化具有了相同或相似之处。如无论在哪一种文化中,对"真、善、美"都有着共同的认知和提倡。

（二）代表性原则

所谓"代表性",是指从古至今都闪耀着人性光辉,并影响着不同国家的思想文化。"和"是中国哲学思想中最具代表性的思想,包括人与自然之间的"和"、国与国之间的"和"、万事万物之间的"和",它从古至今都散发着光芒,也影响着不同国家的文化,推动着家庭的和睦、社会的和谐,以及世界的和平。

（三）现代性原则

所谓"现代性",是指合乎当今快速发展的经济,指导着企业、社会实现最大利益的思想,它是中国传统文化适应现实利益追求的表现。具有当代实用价值的、普遍应用于社会生活的文化知识更能激发学习者的学习热情。现代性很能反映中国的高速发展,学习当下中国文化中的现代词汇能够使外国友人更了解目前真实的中国,提升我国的国际形象。

三、中国哲学思想在汉语国际推广中的选取内容

（一）"以和为贵"思想

1.关于人与自然之间的"和"

道家思想蕴含着丰富的生态伦理智慧。《老子》中"道生一,一生二,二生三,三生万物"（《老子·第四十二章》）将"道"视为天地万物（包括人）的起源,故天地人相通合一,结构上也是一体化的;《庄子》中"以道观之,物无贵贱"（《秋水》）,认为宇宙中的任何事物都是平等的,都有自己独特的价值,它们按照自己运行的法则去实现,人对天地万物也应一视同仁;《老子》中"我有三宝,

持而保之,一曰慈,二曰俭,三曰不取为天下先"(《老子·第六十七章》),在认识到人与自然互利互生后,道家将自家的生态伦理思想具体为行动纲领,达到认识自然、顺应自然、与自然和谐相处的境界。道家三重境界:天人合一、万物平等、持而保之,这些哲学思想体现了人与自然之间的和谐相处的理念。

西方在18世纪60年代就开始第一次工业革命,由农业文明时期从自然界直接获取和初步索取消费品转变为人对自然的全面改造和征服,虽然前期促进了工业革命和科学技术的繁荣,但是竭泽而渔的掠夺性开发也使人类面临一系列全球问题。面对这些问题,一些西方人也开始关注道家学说中的和谐观,从而汲取东方人与自然的关系理念,由传统的人类中心主义到自然中心主义再到开明的人类中心主义。

比如,自然中心主义与开明的人类中心主义有很大部分就是向中国道家"物无贵贱""道法自然"思想学习的成果。自然中心主义认为动物和人一样拥有不可侵犯的权利,应该敬畏它们的生命,把道德关怀的视野从人类自身扩展到了人类以外的动物;开明的人类中心主义则根据实际生活主张人的价值高于自然界的价值,但同时也承认和尊重自然界的内在价值。

在国际上,1972年,联合国在瑞典首都斯德哥尔摩召开了第一次"人类与环境会议",会议通过了《人类环境宣言》,要求人们采取大规模行动保护环境,使地球成为不仅适合人类生活,而且也适合将来子孙后代居住的场所。从1987年到1990年,联合国所授命成立的世界环境与发展委员会和三个高级专家委员会,分别发表了长篇报道《我们共同的未来》以及《共同的危机》《共同的安全》《共同的未来》三个著名的纲领性文件,形成了完整的"可持续发展伦理思想"。之后成立的各种国际环境保护、动物保护组织与协会等,还有关于环境保护协议的签订,都代表着世界各国征服自然欲念的消减,以及与自然和谐相处理念的建立。

从以上可以看出,中国的道家哲学思想在21世纪仍闪耀着光辉,并影响着世界各国。这种观念为人与自然的相处方式提供了借鉴,为地球的可持续发展、宇宙的和谐做出了贡献,是中国哲学思想中具有代表性的内容。

2.关于国与国之间的"和"

儒家倡导"和"。在儒家典籍中有许多这样的论句:如《论语·里仁》中有"富与贵,是人之所欲也;不以其道得之,不处也。贫与贱,是人之所恶也;不以其道得之,不去也";《孟子·公孙丑下》中有"得道者多助,失道者寡助";《论语·子路》有"君子和而不同";《论语·为政第二》有"君子周而不比"等。这些哲学思想用道义来处理利益冲突,达到人与人之间的和谐、国与国之间的和平。"和为贵""和而不同"的文化理念,不仅是传统的,更是现代的。提倡尊重文化的多样性,在多样性中寻求和谐统一、共荣共存,这与我国构建和谐社会的思路是一脉相承的。

和平共处是中国人的愿望,也是世界人民的诉求。中华人民共和国在建国时就提出"独立自主的和平外交政策";2004 年中国提出"走和平发展的道路";2005 年倡导"努力建设持久和平、共同繁荣的和谐世界";2017 年 1 月 19 日习近平主席在达沃斯论坛上倡导和平与共同繁荣。这些提议都承接儒家"和"的理念,表明中国将不遗余力地尽自己所能,把和谐理念进一步推向世界。

当代西方虽然存在霸权主义、强权政治,但是在全球化的浪潮下,各国的政治、经济等联系更加密切,和平共处成为各国发展的必要条件,各国以自己的力量为世界的和平做出应有贡献。国际组织也积极推动世界和平之路,"世界和平组织""世界红十字会""世界维和部队"的建立,为世界的政治、医疗、军事发展贡献了自己的力量。

儒家所倡导的"和"被中国沿用至今,随着中国的崛起、国际话语权的逐渐树立,和平理念对世界的影响将更广、更深,进一步推动着世界和平的进程。因此,"和"是中国哲学思想中具有代表性的内容。

(二)"仁爱"学说

儒家强调"仁爱"之心。据《论语·颜渊》记载:"樊迟问仁。子曰:'爱人'"(意思为:樊迟问孔子什么是仁,孔子说:"爱护他人"。);《论语·阳货》记载:"子曰:'君子学道则爱人,小人学道则易使也。'"(意思为:君子学习了礼乐就能爱人,小人学习了礼乐就容易指使);《论语·雍也篇》子曰:"夫仁者,己欲立而立人,己欲达而达人。能近取譬,可谓仁之方也已。"(意思为:至于仁人,就是要想自己站得住,也要帮助人家一同站得住;要想自己过得好,也要帮助人家一同过得好。凡事能就近以自己作比而推己及人,可以说就是实行仁的方法了)。孟子则在政治上提倡"仁政""以民为本"。孟子认为,对一个国家来说,"民为贵,社稷次之,君为轻"。(意思为:百姓最为重要,代表国家的土神、谷神其次,国君为轻)。可见孔孟"泛爱众"思想中透露出关心人、爱护人的人道主义精神。中国传统文化的核心是儒家文化。"仁"是儒家文化的核心,意思是把人放在首位,爱惜民众,以人为本。

从春秋跨越到 19 世纪,法国浪漫主义代表作家维克多·雨果提出以"博爱"为中心的人道主义,他的眼睛不是盯着征服世界的强者,也不是盯着衣食无忧、享尽荣华富贵的世袭者或幸运者,而是将目光投向下层人和不幸者,关心、爱护他们,尊重他们的价值和尊严。这在其作品《悲惨世界》中最能体现他对世人的博爱之心。

从以上可以看出,不论是儒家"爱人"的起点"爱亲",即孝悌之情所带有的等级意味,还是雨果的人道主义把"仁慈""博爱"当作一种医治社会弊病的灵丹妙药所带有的软弱性,抑或是当今资产阶级以个人主义为核心的人道主义,还是共产主义以实现一切人的解放和自由作为奋斗目标的人道主义,所有的这些跨时代、跨阶级的思想,其共同指向中都含有"爱"众人之意。

(三)"德政"学说

儒家特别强调"德政"的重要性。据《论语·颜渊》记载:季康子问政于孔子,孔子对曰:"政者,正也。子帅以正。"(意思为:季康子问孔子如何治理国家,孔子回答说:"政就是正的意思。您本人带头走正路。")《论语·为政》子曰:"道之以德,齐之以礼,有耻且格。"(意思为:用道德教化引导百姓,使用礼制去统一百姓的言行,百姓不仅会有羞耻之心,而且也就守规矩了)"为政以德,譬如北辰,居其所而众星共之。"(意思为:"(周君)以道德教化来治理政事,就会像北极星那样,自己居于一定的方位,而群星都会环绕在它的周围。")因此,执政者有好的道德修养,并用好的道德修养引导百姓、治理政事,社会就能安定、和谐。

与孔子差不多同一时期的柏拉图认为,"知识就是美德",即一个具有高超智慧的人也就是具有高尚道德情操的人,只有这样的人才能使国家的治理达到至善;亚里士多德则以"善"为最高道德,德治与法治并用治理国家,以正义为国家和社会治理的最高准则,正义是善,也是全德。

通过这些哲学思想可以看出,不论是儒家为了维护封建统治而存在的"德政"思想,还是柏拉图、亚里士多德为维护贵族政权的全德思想,他们都强调了"德"对于社会治理的重要性。这些哲学思想无论对于过去,还是对于现代各国社会治理均有借鉴之处。

当然我们要看到,虽然中西人道主义、德治或其他思想存在相同或相似之处,但其存在本质区别。因此,要更好、更广地传播中国传统文化,尤其是中国哲学思想,就需要我们跳出已有的思维框架,剔除不利于对外传播的文化,比如等级、专治思想。所以,只有批判地继承、传播中国传统文化,中国传统文化的传播面临的障碍、冲突才会更少。如季康子问政于孔子,孔子对曰:"政者,正也。子帅以正,孰敢不正?"在上文中笔者省略了"孰敢不正"这一具有君主专制色彩的部分。子曰:"道之以政,齐之以刑,民免而无耻。道之以德,齐之以礼,有耻且格。"在上文中省略了"道之以政,齐之以刑,民免而无耻"这一酷刑所带有的不人道成分,虽然有断章取义的意味,但"取其精华,去其糟粕"才有利于中国传统文化的传播,有利于民族的进步。

(四)"守信"思想

中国传统管理亦重视"守信"。《管子》说:"言而不可复者,君不言也;行而不可再者,君不行也。凡言而不可复,行而不可再者,有国者之大禁也。"(意思为:"言说只能说一次而不可重复的,君主不说。行为只能做一次而不可再做的,君子不做。凡是言说不可重复的,行为而不可再做的,都是统治国家的人的最大禁忌。")可见守信对于国家治理的重要性,我国也历来提倡"诚工""诚贾",衣食足的工人、成功的商人也多是守信的人。

西方管理思想是一种崇尚科学主义的"理性工具"文化,在管理中往往将法置于情之上,强调"严格的制度化管理""高度的物质刺激"以及"明确的等级观念",实施管理的制度化、定量化和严格化,从而使组织有效率地达到一种预期的秩序,所以完整的管理体系要求从业者具有强烈的契约精神,守时、守约是西方文化的特点之一。

中外文化在管理中重视诚信,不管是充满人文关怀的兵家、管家学派的中国哲学思想,还是以理性为主要特征的西方哲学思想,他们在"重人""守信"方面,都遵循着管理的基本原理,这表现在系统原理、人本原理、责任原理、效益原理等方面,虽然中外的表现形式不同,但总的指导思想体系是相同和相似的。选择具有现代性的思想来满足西方人对利益的追求具有一定的现实意义,也能让中国远古的思想文化在现代焕发生机与活力,这也是中国传统文化源远流长的原因所在。

(五)"节俭"美德

勤俭节约是中国人的一种传统美德,是中华民族的优良传统。如:中华文化流传着"历览前贤国与家,成由勤俭败由奢"的古训和"俭,德之共也;侈,恶之大也"的俗语。老子曰:"俭故能广。"诸葛亮在《诫子书》中说:"夫君子之行,静以修身,俭以养德,非淡泊无以明志,非宁静无以致远。"千百年来,在中国社会发展的各个时期,艰苦朴素、勤俭节约都作为一种被社会普遍认同的传统美德而得到倡导、保持和发扬。勤俭节约是我们中华民族的传统美德,无论家里的收入高低、富裕或贫穷,我们都应该勤俭节约,我们要从现在做起,从生活中的点点滴滴做起,养成良好的勤俭节约习惯。

对于"节俭"问题,西方学者也有许多论述,如:法国重农学派的晚期代表杜尔阁是最早论述节俭问题的,他认为资本积累来源于勤俭和节约;之后英国古典经济学家斯密继承和发展了杜尔阁的节俭论;英国19世纪中叶的庸俗经济学家西尼耳,在反对古典政治经济学的劳动价值论时提出了著名的"节欲论"。西方社会也非常注重节俭,经济发达的资本主义国家中的大资本家并非总是吃喝奢侈成性,他们做生意也绝不会乱花钱铺张浪费,并且资本主义国家政府也不提倡浪费性消费,他们更多地注重消费对生产的反作用或储蓄与投资的均衡关系,在充分就业条件下仍然提倡应以节俭为美德。许多发达国家的人崇尚节俭,如瑞士虽然是当今世界人均收入最高的国家之一,但瑞士人用钱却处处精打细算;又如意大利人节省下来的钱主要用于储蓄或投资。另据美国一家杂志调查,全世界净资产超过10亿美元的富豪中不乏崇尚节俭之士,其中名列亿万富翁前列的日本东京的房地产大王森吉泰郎,生活十分简朴,住在一栋简朴的公寓内,不抽烟饮酒,上班时还常常自带盒饭;拥有128亿美元资产的加拿大首富赖克曼三兄弟,经常乘地铁上下班,吃盒式午餐等。

因此,节俭对于不同的国家来说都是被极为推崇的,在汉语国际推广中进行"节俭"的美德教育,能被汉语学习者认可和接受。

(六)"重人"和"重民心"思想

随着现代工业文明的发展以及现代公司制度的建立,中国传统管理思想因其满足大部分人对利益追逐的需要,被逐渐运用到管理领域,部分管理思想与西方现代管理学理论相似,甚至超越西方现代管理学理论。中国传统管理"重人",即重视人才的综合素质对于夺取天下、治理好国家、办成事业的重要性,所以在《孙子兵法·计篇》中有"将者,智、信、仁、勇、严也"的论述,要求领导者具有智谋、信用、仁义、勇敢、严格的品格。与此相似的哲理在美国管理学家吉沙利的品质理论中也有提出,他认为对管理者智力、自信、决断力、冒险的重要性评估分别为64、62、61、54。从中可见人才的重要性,因此,人才是社会发展的宝贵资源,是兴国之本、富民之基、发展之源,是促进社会发展的核心竞争力,也是先进生产力和先进文化的主要创造者和传播者。

在重视人才的同时,中国哲学思想也非常"重民心"。如《管子·牧民》提出:"政之所兴,在顺民心;政之所废,在逆民心";国家必须"令顺民心","从民所欲,去民所恶"乃"为政之宝"。此说法虽为国家治理之道在于国君得民众之心,得民心则国家长治久安,可也与公司管理之道有异曲同工之处,即管理之道在得员工之心。美国管理学家布莱克和穆顿根据领导对员工的重视程度将领导方式分为任务型、乡村俱乐部型、中庸之道型、贫乏型、团队型。各种领导方式的特点是:任务型只注重任务的完成,不重视人的因素;乡村俱乐部型特别关心员工;中庸之道型既不过于重视人的因素,也不过于重视任务的因素;贫乏型对员工的关心和对任务的关心都很差;团队型对生产和人的关心都达到了最高点。经在管理中实验验证,应用团队型管理方式的结果是,职工都能运用智慧和创造力进行工作,能使同事之间、下属与上司之间关系和谐,出色地完成任务。而其他管理方式所达到的效果,都没有团队型管理方式达到的效果好。也就是说当领导对员工实现了最大程度的关心,任务就能出色地被完成;而欠缺了领导的关心,任务完成得就不够完美。领导得员工之心,则公司得到长远的发展。

综上所述可以看出,中国哲学思想中的管理理念,也可以适用于现世的利益追求,它所具有的现代性,与西方现代管理学有着相同或相似之处,值得我们加以研究、传播。

总之,在全球化的今天,中西文化存在根本差异的背景下,中西跨文化教学秉承着普遍性、代表性、现代性的原则选取教学内容,是顺应时代发展的必然要求,也是自身文化保持生机与活力的必要举措。汉语国际推广过程中,融入中国哲学思想,传播中华文化中"仁义礼智信、温良恭俭让""老吾老以及人之老""天行健,君子以自强不息"等具有普世价值的思想观念、思维方式,反映在今日之中国人的行为方式和思想观念里,那就是诚实守信、谦逊有礼、爱国守法、勤俭自强、敬业奉献等。在对汉语学习者传播中国文化时,尤其要挖掘中西文化中的共通价值观念,如博爱大众、利世济民、人性关怀、公平正义、见义勇为、坚守原则、民主平等、公正无私等,才能使他们进一步地认同中国传统文化。同时,在汉语国际推广中有意识地从战略高度传播和平的中华文化价值观,让世界了解中华文化和谐、内敛、非侵略性、主张和平共处的特征,将具有中华文化魅力的生存理念深入世界民心,以减少外界对中国战略意图的猜忌、怀疑和污蔑。因此,在汉语国际推广中,选取中国哲学思想中的精华,在教学的同时传播这些闪光点,不仅有利于中国的发展,更有利世界的和平发展。

第三章　汉字文化与汉语国际推广

世界不同的民族都拥有自己的文化与文字,其中大部分都是使用线形文字,而唯独我国汉字是一笔一画的方块字,呈现出中华民族文化的独特性。汉字是中华民族文化的标杆,是中华民族文化的旗帜,能够凸显中华民族文化的特征。汉字成为全球现存最古老、最发达、最完善的文字体系,为中华民族文化的继承与流传累积了丰富的文化遗产,对传播中华民族文化起到了重要的作用,同时也对世界文化的发展产生了深远的影响。

一、汉字的演变

汉字的发展经历了由简到繁、由繁到简的曲折过程。从字义上来说,它经历了由贫乏到丰富、由简单到复杂的渐进过程,因此,每一个汉字都承载着相应的、丰富的文化信息。汉字的发展体现了中华文化的进步,而中华文化的发展也在推动着汉字的演进。汉字是世界上历史最悠久的文字之一,它的演变大概过程为:汉字的图画→图画文字(甲骨文、金文)→图案字(篆体字)→表意图形文字(现代汉字隶书、楷书、宋体字),每个演进环节都透视出历史的时代气息。

(一)汉字的起源

汉字的起源有许多传说,主要有结绳说、八卦说、河图洛书说、仓颉造字说和图画说等。

1.结绳说

认为汉字产生从结绳记事开始。《易·系辞下》载:"上古结绳而治,后世圣人易之以书契。"汉代郑玄注:"结绳为约,事大,大结其绳;事小,小结其绳。"又有横绳表物,竖绳记数之说。文字还没有产生的时候,一旦发生了什么事,就要靠结绳来记录,大事系一个大结,小事系一个小结。事多结就多,事少结就少。这是说在文字产生之前,人们靠结绳来记事。

2.八卦说

认为汉字是由八卦而形成的,这种观点在郑樵的《通志•六书略》中说:"文字便从(纵)不便衡(横),坎、离、坤,衡卦也,以之为字则必从……"把八卦看成文字的起源。之所以有这种认识,主要是在《易•系辞》中记载:"古者氏之天下也,仰则观象于天,俯则观法于地,观鸟兽之文与地之宜,近取诸身,远取诸物,于是始作八卦,以通神明之德,以类万物之情。"这里把"通神明之德""类万物之情"认为是一种象形符号。魏晋年间,伪造孔安国《尚书传》的人,在《尚书•序》中说:"古者伏羲氏之王天下也,始画八卦,造书契,以代结绳之政。"虽把八卦和书契(文字)相提并论,但并没有把八卦就当成文字。八卦应该是从事占卜活动的巫术,根据算筹制作的一种代表卦爻的符号,用来象征各种事物。它虽然含有古人朴素的辩证观点,但不能把它看成记录汉语的符号体系。

3.河图洛书说

在《易•系辞》中说:"河出图,洛出书,圣人则之。"在沈约注的《竹书纪年》里说:"(轩辕黄帝五十年秋七月)龙图出河,龟书出洛,赤文篆字,以授轩辕。"这很可能是渔猎时代人们在黄河、洛水某处山崖边,发现过或猎取过巨型爬虫或大龟,于是刻画在石崖上,告诉人们这里有龙或龟猎获物。事隔多年后,被人们发现了,于是附会成是天赐圣王以创造文字的蓝本。

4.仓颉造字说

据《吕氏春秋》记载,"奚仲作车,仓颉作书"。《说文解字》记载,仓颉是黄帝时期造字的史官,他"双瞳四目",被尊为"造字圣人"。《淮南子•本经训》说:"昔者仓颉作书而天雨粟,鬼夜哭。"《春秋演孔图》说:"仓额四目,是谓并明。"《仓颉庙碑》说:"天生德于大圣,四目灵光,为百王作书,以传万世。"总之,是把仓颉描绘成与众不同的天生圣人,他创造文字的行动简直是惊天地、泣鬼神。他把看见的各种各样东西的形状简化后刻在龟壳、兽骨上,就成了最早的文字。这种把文字和史官结合到一起的思维有一定的道理。现代研究认为,成系统的文字不可能完全由一个人创造出来。鲁迅先生在《门外文谈》中也曾谈到,"文字在人民间萌芽,仓颉也不止一个,有的在刀柄上刻一点图,有的在门户上画一些画,心心相印,口口相传,文字就多起来,史官一采集,便可以敷衍记事了"。所以应该说,汉字是由许许多多的像仓颉这样的人慢慢丰富起来的,而仓颉只是在这些人当中比较重要,起的作用较大。虽然这种原始形式的文契不一定为仓颉所发明,但已经作为官方计算、简单的交易和类似性质等事务的记录符号,说明文字的雏形在那个时代已经基本形成。

5.图画说

唐友兰先生在《古文字导论》中,曾提出"汉字的起源是图画"的主张,今天大量考古发现也证明,图画的产生比文字早很多。从现存的新石器时代的套管上刻画的蛙纹、鱼纹、席纹、水波纹和回纹,以及山洞石壁上的岩画,石器上的线条图形等表明,人类在完成从图画到文字的演变过程中,经历了一个非常重要的图画文字的过渡阶段。图画文字孕育了原始文字的雏形,它启发了先民们的造字灵感,后来逐渐出现了早期的象形文字。图画符号以其象形、象意的优势,为汉字起源奠定了基础。大约在距今 6000 年的半坡仰韶出土的陶器中出现了图画符号。之后考古界陆续发布了一系列较殷墟甲骨文更早、与汉字起源有关的出土文物资料。

在历史发展的进程中,象形写实画的线条增减,使其表达的含义更加富有意义,成为形象化的符号,并有了一定的读音,逐渐具备了文字的形、意、音三大要素,便形成了文字。中国最早的汉字属于表形文字,尔后历经长久的发展,已经兼具表意、表音等诸多功能。

(二)汉字的演变

1.甲骨文

甲骨文是商代的文字。甲指龟甲,骨指兽骨。由于这种文字是刻写在龟甲或兽骨上,所以称为甲骨文。甲骨文大都是商王朝当时占卜吉凶的记录,因此又称作甲骨卜辞。

1899 年,近代著名金石学家、鉴藏家、书法家王懿荣,因患病买药时发现了一种在称作龙骨的药上刻有的文字,通过对上面的图形文字进行研究,他判断为一种古老的文字。他的这个发现,轰动中外学术界。这些龙骨出土于河南安阳小屯村,是有烧裂痕迹的龟甲和兽骨,上面刻的符号后来被证明是 3000 年前人类关于某种祭祀活动的文字记述。这些文字将汉字的历史推到殷商时代,成为至今我国发现最早的成熟文字。甲骨文的别称有殷墟文字、卜辞、契文、殷契等,目前共发掘出甲骨 10 万片,全部单字 4500 个左右,已经释读出的约 1000 个,其余未释读出的多为地名、人名和族名等。甲骨文的字多是象形的,通过这些形象的手法,反映古人的社会生活。甲骨文是中国最早的记录历史的资料。

2.金文

金文是用于铜器上的铭文,古代的铜器多为钟鼎,所以也叫钟鼎文。金文笔画比甲骨文丰富,大小匀称,也有了行款,并有了一定的装饰性。商代末年开始有较长的铭文,最长的是安阳后岗祭祀坑出土的戍嗣子鼎,有铭文 30 字。西周早期出现长篇铭文,如"毛公鼎"有 499 字,是现存铜器中最长的一篇。春秋战国时期铜器铭文,一般都很简短,字体向多样化发展,出现了鸟篆等艺术字体。战国曾侯乙墓出土编钟计有篆书、铭文约 2800 余字,这是战国早期金文的一次重大发现,也是我国迄今为止最早的一部较完整的古代乐律学之作。

3.大篆

又称石鼓文。因周宣王时的太史籀所书而得名,所以又称为籀文。它在原有文字的基础上进行了改革,因刻于石鼓上而得名,是流传至今最早的刻石文字。大篆以线条形声字的形式出现,改变了甲骨文的图画形式,使结构趋向整齐规范。大篆具有以下两个特点:一是线条化,早期粗细不均的线条变得均匀柔和了,它们随实物画出的线条十分简练生动;二是规范化,字形结构趋向整齐,逐渐离开了图画的原形,奠定了方块字的基础。

4.小篆

随着秦统一中国,小篆和隶书出现,汉字才逐渐进入了成熟期。小篆由大篆发展而来,是秦统一六国后,作为"书同文"的产物而采用的全国标准字体。因为这一字体是由秦朝的李斯在籀文的基础上删繁就简,废除异体后创造的,所以小篆又被称为"秦篆"。这种书体更趋简化,线条圆匀,字呈竖势,是汉字发展史上的一个重要阶段,为后来楷、隶、行、草诸书的变革打下基础。据传,由李斯所书的小篆代表作有《秦山刻石》《琅琊台》《会稽》《峄山》等。小篆的问世一扫历代字体混杂的局面,使汉字走上了标准化、规范化之路。与大篆相比,小篆字形更为匀称、整齐、统一,更为简化和定型,异体字也大为减少。

5.隶书

隶书分为古隶和今隶。古隶又称为秦隶或左书,今隶又叫汉隶。今隶由古隶演变而成。

据《汉书·艺文志》记载："是时（秦）始建隶书矣，起于官狱多事，苟趋简易，施之于徒求也。"《说文解字·叙》记载："四左书，即秦隶书。秦始皇使下杜人程邈所作也。"隶书作为一种民间创造的字体，六国时期已萌芽。秦汉时期因文字应用日益频繁，而政府规定的正式字体书又曲折难写，人们更愿意接受简易的字体，所以到了汉代，这种字体开始通用。它开始被称为"左书"，取"佐"之意，是佐助篆书的意思。隶书是由六国古文演变来的，古隶来源于战国时代的货币、陶器、兵器等器物上的文字，这些文字继承了甲骨文的方折形式，出现在竹简、版牍和帛书上，是一种简便的书体。古隶通行的时间短，因而流传到后世的很少，汉章帝以后古隶基本上为今隶所取代。

今隶是汉朝人对古隶改造而成的，成熟于西汉中期，至东汉中期达到鼎盛，为官方和民间正式使用的文字。其特点为笔势舒展，带有波势挑法。所谓波势挑法就是在撇、捺等长笔画上表现出波折、上挑等俯仰的形状。由篆书到隶书，是汉字演变史上重要的转折点，是古文字和今文字的分水岭，隶书是汉字发展的里程碑。

6.楷书

又称为真书或正书。由于隶书有波势挑法，一笔一画写起来费事费时，因此，从西汉宣帝时楷书已开始萌芽，东汉末渐趋成熟，魏晋以后成为汉字的主要字体。三国时的钟繇、东晋的王羲之对楷书的发展都有贡献。

楷书与隶书的不同主要表现在：

第一，把隶书的挑法改成定型的钩撇；

第二，隶书笔画波动，楷书笔画平稳，无隶书的波势；

第三，隶书特别要求字体平直方正，而楷书要求不十分严格，例如"口"字；

第四，隶书整个字势向外开，而楷书却向里集中，因此汉隶是扁方形，而楷书趋向竖长形。书写起来没有隶书那样费事，又比草书整齐易认，所以千余年来都作为正式的字体而被广泛应用。

7.草书和行书

草书大约起源于秦汉之间，它是从隶书演变来的。《说文解字·叙》载："汉兴有草书。"据《草书状》记载，"昔秦之时，诸侯争长，简檄相传，望烽走驿，以篆隶之难，不能救速，遂作赴急之书，盖今之草书是也。"当时为了书写的便捷，采用连笔简写隶书字体的方法，只要求粗具轮廓，不要求一笔一画都很清楚,这种带有隶意的草书称作"章草"。确立于西汉中期,广泛流行于东汉的"章草"是民间日常使用的便体。汉末时张芝创立"今草",之后被王羲之发扬光大。其特点是去掉章草的波势挑法,笔势书化,笔画相连,字与字也常相勾连。唐代时期的张旭、怀素更恣意损益字形,随意作勾连的形状,被称作"狂草",其特点为笔势恣纵,字字牵连,笔笔相通。

行书是介乎楷书和草书之间的一种字体,魏晋时代已很流行。晋代的王羲之、王献之父子是写行书最有名的书法家。行书既接受了今草的直接影响,又保存了楷书的形体。行书写起来比楷书便利,又比草书易于辨认,"行书"介于草书、楷书之间,艺术性和实用性都强。它成熟于东晋时期,宋代臻于巅峰,所以晋宋以来一直是字体的主要形式,这是汉字形体演变的自然结果,是汉字避繁趋简的总趋势所决定的。

从汉字演变来看,篆书和隶书的黄金时代是先秦、秦代、两汉时期。隶书向楷书发展,行书更加成熟是在魏晋南北朝时期。楷书的鼎盛时期在隋唐,当时的欧、颜、柳等书法大家把楷书推向了极致。行书则是在宋代时期加快了个性化的发展。在汉字的演变中,最重要的是篆、隶、楷三个不同阶段的字体。

(三)汉字的近现代改革

1.汉字改革的必要性

汉字作为世界上历史最悠久的文字之一,随着社会的发展,其形体结构经历了多次重大变化,发展的总趋势是由繁趋简,由表意到表音,但仍然保持着表意兼表音的阶段。这种表意体系的汉字的主要缺点是它不能确切表音,学习掌握起来较为困难。同时,汉字本身结构复杂,数目繁多,一字多音,同字异体,是一个非常复杂繁难的符号体系。传统繁体汉字的"三多"(字多、形多、读音多),"五难"(难认、难读、难写、难记、难检排)的特点,是汉字难记的原因,学会一个字后,往往不久又忘记了,这是初学汉字的人常有的事情。繁体汉字发展到近代,已经不太适应社会发展的需要,因此汉字改革之声开始响起。

中国近代史上的主题是救国图强,因此要让大众学习知识,提高大众的知识水平,识字是首要任务。然而繁体汉字难的特点,不利于知识的学习和教育水平的提高,这是近代以来文字改革者倡导汉字改革的重要理由。在这一时期,先后有宋恕、康有为、梁启超、谭嗣同、章太炎、钱玄同、胡适、陈独秀、蔡元培、鲁迅、傅斯年等知名人物认为汉字应当是一种交际工具,工具的特点就是要简单易用,因此,他们就汉字的改革提出了建议或已着手实施。但由于时代动荡,汉字改革工作时断时续,收效不大。

中华人民共和国成立之后,汉字改革被提上日程,这主要源于:第一,国家政治经济统一对语言交际统一的必然需求;第二,国家扫盲教育、普及教育对文字改革提出新要求。由此,汉字改革才真正受到重视并实施,其改革取得了重大进步,成果被大力推广,并成为我们今天的通用汉字。

2.汉字改革实施

中华人民共和国汉字改革工作,在经过汉字专家多次论证后,即从推进简化汉字、推广普通话、推行《汉语拼音方案》三方面同时进行。

(1)简化汉字

汉字简化可以溯源到甲骨文时代,在甲骨文中就有不少简体字。战国时期的六国古文是对籀文的重大简化,六国古文包括了齐、楚、燕、韩、赵、魏的文字。

这些文字的变化反映在三个方面:

第一,采用"省变字",使书写简洁、应用广泛;

第二,由于对形义关系理解差,出现了"讹变字";

第三,出现了带有地方色彩的异体字。

秦统一六国后,秦始皇采取的"书同文"是对当时汉字简化的总结。之后的南北朝时期是汉字简化的新阶段;唐宋以后,简体字日益增多,不仅用于手写,而且流行于民间的印刷物。古代简体字书籍主要有:赵之谦的《六朝别字记》和刘复、李家瑞的《宋元以来俗字谱》等。

近代时期,许多知识分子提倡简体字。

1909 年,陆费逵发表了《普通教育当采用俗体字》的论文,为汉字简化提供了方向。

"五四"以后形成了简体字运动,1922 年,钱玄同在国语统一筹备委员会提出了"减省现行汉字的笔画案"。

1935 年 8 月,当时的教育部被迫公布了 324 个简体字,但随后被戴季陶等人阻止推行。

中华人民共和国成立后,为适应社会的需要、人民群众的要求,立即着手研究汉字的简化工作。1950 年,中央人民政府教育部社会教育司编制了《常用简体字登记表》,选出了 500 多个常用简化字。1952 年中国文字改革研究委员会成立,开始研究并草拟汉字简化方案,1954 年编成《汉字简化方案草案》,1955 年 10 月召开了全国文字改革会议,从 1956 至 1959 年,我国先后推出四批《汉字简化方案》,共计简化字 2238 字。

(2)推广普通话

从语音系统来讲,北方话"在全国方言中比较,最简单、最容易懂、最容易学",1955 年 10 月召开的全国文字改革会议时,正式通过了推广普通话的决议。1956 年 2 月 6 日,国务院向全国发出《关于推广普通话的指示》。普通话是以北京语音为标准音,以北方官话为基础方言,以典范的现代白话文著作为语法规范的通用语。普通话是规范化的,是中国法定的全国通用语言。《中华人民共和国宪法》第 19 条规定:"国家推广使用普通话。"《中华人民共和国国家通用语言文字法》确立了普通话和规范汉字的"国家通用语言文字"的法定地位。今天普通话在中国被广泛使用,成为跨地区省份交流的语言。

(3)推行《汉语拼音方案》

拼音文字主要是符合加音节体系,比较容易学习和使用。明代著名思想家、哲学家、科学家方以智在《通雅》就提出汉字拼音化的想法,他认为:"字之纷也,即缘通与借耳:若事属一字,字各一义,如远西因事乃合音,因音而成字,不重不共,不尤愈乎。"清末维新派知识分子卢戆章、王照等人发动的切音字运动。另外,从明朝末年起,西方传教士意大利人利玛窦、法国人金尼阁等也曾拟出过一些为汉字注音的拼音方案。民国时期,钱玄同、黎锦熙等人大力提倡汉字拼音,并在 1926 年议定了一个《国语罗马字拼音法式》,1928 年正式公布。它"作为国音字母第二式",揭开了汉字拉丁化运动的序幕。像鲁迅、郭沫若许多著名的学者,都积极支持并参与拉丁化文字运动,钱玄同、赵元任、林语堂等学者还亲自实践,编拟拉丁化拼音方案,许多刊物载文或出专号表示对拉丁新文字的支持。在 20 世纪 30 年代的延安开设了一百多所夜校中,将学习新文字与拉丁化运动相结合,使拉丁化新文字有了广泛的群众基础。

1958 年,第一届全国人民代表大会第五次会议批准公布《汉语拼音方案》。使汉语拼音成为识读汉字、学习普通话、培养和提高阅读及写作能力的重要工具,成为改革和创制少数民族语言文字的重要依据,成为编制盲文、手语、旗语、灯语的重要基础,广泛用于中文文献排序检索以及工业、科技领域的型号和代号等多个方面。同时,汉语拼音方案公布后在国际上获得了广泛的认同和好评,得到了广泛的应用。从 1961 年起,已经有十多个欧美国家在出版地图时采用汉语拼音,很多大学开始采用汉语拼音方案教学汉语。今天,汉语拼音作为拼写中国人名、地名的国际标准,作为各外文语种在指称中国事物、表达中国概念时的重要依据,作为我国对外交流的文化桥梁,被广泛用于对外汉语教学、对外交流等各领域。

总之,在汉字改革过程中,中华人民共和国政府只是做了将简化字合法化、标准化、推广普及,而简化字的出现和发展是有着长时间的历史沉淀与积累的。在简化之前,汉字字数多、结构复杂、笔画多,随着时代的发展,越来越不能满足人们快速学习、方便使用的需要,因此,简化字方便易学的优点日益凸显,被国家和人民接受。简化字的普及速度快,更加有利于人们阅读和书写,从这个角度来看,简化字对文化传承做出的贡献更大。

二、汉字结构

(一)六书造字法

"六书"是我国古代研究汉字的一种理论,是汉字研究学者从大量汉字结构现象和使用汉字现象中总结得到的,到汉代形成了研究汉字的理论——六书说。作为最早的关于汉字构造的系统理论,是人们再造新字的依据。"六书"中的象形、指事、会意、形声与汉字的结构有关,而转注、假借则根本无关。正如许慎自己说的,假借是"本无其字",不过借用了一个同音字来表达语言中的词罢了。因此,在讲汉字结构时,可以忽略转注、假借。

1.象形字

象形字是由图画发展来的,是一种最古老的字体,属于表意文字。它是利用图形来做文字使用的,而这些文字又与所代表的东西在形状上很相像。用文字的线条或笔画,把要表达物体的外形特征具体地勾画出来,它起初与图画的区别很细微。在发展过程中图画特征逐渐减少,符号作用日益加强。到了甲骨文时代,象形字已经发展到较高阶段,比起图画来,大多数象形字的形体是简略的。殷商以后,文字更趋简约。因此,现在所能看到的象形字往往是用图画的手法描绘出物体形状的轮廓或它的特征部分。象形字的特点是多为独体字,为物质名词,它的局限性为不便于表现抽象的东西。

在甲骨文中,象形字"月"如一弯月亮的形状;"屮"("草"的本字)是两束草;"日"字就像一个圆形,中间有一点,很像人们在直视太阳时,所看到的形态。甲骨金文中象形字占的比重大一些,后来不少甲骨金文中的象形字为后起的形声字所代替,未被代替的象形字经过隶变后,少了象形字的形状了。因为许多汉字是由象形文字演化而来的,其字形生动有趣,潜藏着独特的意蕴和魅力,便于识记;而且作为表意文字系统,当初先贤们在构造文字时,通常会将汉语词的意义转化为字符成分,这种以形表意的功能,使得很多汉字可以观其形知其意,便于联想。

　　2.指事字

　　《说文解字·叙》说:"指事者,视而可识,察而见意,上下是也。"指事字是表示抽象的事物概念的,重在用象征的手法表达出字义。就是当没有或不方便用具体形象画出来时,就用一种抽象的符号来表示,例如"上""下""凶"等。其特点是在独体字上加象征性符号或提示性符号。

　　指事字的类型有:第一,独体指事。它是以线条符号来指明抽象事物的意象。独体指事字例:上、一、二、下、爻。第二,合体指事。当已有的文字形象或符号不足以表达抽象概念时,就在这成文的形象上加些点画以引出概念的方法,亦即以一个文为主体,附加不成文的符号,二者相合而成的文字,叫作合体指事。合体指事字例:元、示、中、屯、牟、牵。第三,变体指事。为了要表达抽象的意念,往往把一个成文的形象加以变化或减省一个成文形象的部分笔画,透过这种变化,使人领悟到另一层相关的概念。这种变易,通常是指位置上的变易,如有的左右相反,有的上下相倒。变体指事字例:乏、廷、逆、世、臣、幻、夏、巾。

　　3.会意字

　　《说文解字·叙》说,"比类合谊,以见指撝"。"比类"就是把几个表示事物的象形或指事符号排比在一起,"合"就是把它们的意义组合起来。会意字是由两个或两个以上的形体组合而成的,组合的方式多种多样,交叉错综,这就是会意字之所以多于象形字和指事字的原因。因此,会意字必须具备两个条件:一是由两个或两个以上的独体字组成;二是两个以上形体组合在一起必须构成一个新的意义。其特点是有偏旁,造字方法灵活。比如"林"由两个"木"组成,构成新义。类型有同体会意字和异体会意字。会意字以两体为基本形式,三体、四体的少,五体以上的更少。

　　《说文解字》收会意字1167个。会意是为了补救象形和指事的局限而创造出来的造字方法。和象形、指事相比,会意法具有明显的优越性:第一,它可以表示很多抽象的意义;第二,它的造字功能强。直到如今人们还用会意的方法创造简体汉字或方言字,如"灶、尘、国"等。"人"可以组合为"从、众"及"保、伐、付、伍"等;"木"可以组合为"林、森"及"析、相、采、困"等。因为会意字是两个或两个以上的形体的会合,所以可以表示许多抽象的、用象形或指事的方法难以表示的意义。

4.形声字

形声字是由一个义符和一个声符组成,由两个文或字复合成体,意符一般由象形字或指事字充当,声符可以由象形字、指事字、会意字充当。形声字是在象形、指事、会意字的基础上创造出来的,由象形、指事、会意字组合而成。形声字既可表义又可表音,它的产生弥补了汉字不可表音的缺陷。由于同一形旁与不同声旁、同一声旁与不同形旁都可以组合成新的汉字,因而形声字的产生不仅丰富了汉语的表达,也丰富了汉字的文化内容。如"材",《说文解字·木部》中解释为:"材,木挺也。从木。才声。""木"本意是木材、木料,泛指原料。古人发现树木可用,耐用,易造型,质量轻,因此大量使用。因"木"是可用之材,就造出了形声字"材"。与"木"有关的形声字大多带"木"字旁——杨树、枝叶、桌子、根雕等。"材"引申为资料,如教材、素材,又指人的体貌、身材。这个"材"字既反映了古人使用木料的智慧,又映衬出了中国的木材文化。

(二)部件分析法

虽然"六书"说对中国造字影响极大,但是它主要用来分析小篆的形体。而汉字从秦汉时期开始不断演变,经历了隶变、简化等不同阶段,这种理论已不能完全适用于现代汉字中,因此,提出了以部件为核心的新汉字构造分析法,即部件分析法。它共有三个层次:笔画、部件和整字。

根据汉字中部件的多少,汉字可分为独体字和合体字。独体字只有一个部件组成,称为单一结构。合体字有多个部件,其结构主要有以下 7 类 12 种:

①左右结构:如好、从、林、说、话;

②上下结构:如李、苗、志、胃、吴;

③左中右结构:如湖、树、脚,街、粥;

④上中下结构:如高、奚、亨、髻、鲁、鼻;

⑤半包围结构:

· 右上包围结构:如句、可、司、式、包、勺;

· 左上包围结构:如庙、原、病、辰、房、店;

· 左下包围结构:如超、建、近、魍、毯、尴;

· 上三包围结构:如同、间、闭、周、凤、闽;

· 下三包围结构:如击、凶、函、鼎、画、幽;

·左三包围结构：如区、巨、匠、匣、医、臣；

⑥全包围结构：如囚、围、团、囷、园、国；

⑦镶嵌结构：如坐、爽、夷、噩、夹、巫。

汉字学习中认识汉字结构，能认识汉字的基本构成规律，并从汉字的部件联想到它的读音和意义，提高识字能力，从而提高汉字学习的速度和质量。

三、汉字中蕴含的中华文化

汉字作为汉文化的基本的细胞，是中华文化的核心和灵魂，有着悠久的历史和鲜明的民族特色。汉字与汉文化密不可分，既是文化的产物，又是文明社会的标志。汉字能够从古至今一直延续，就是因为它与汉文化紧密联系，建立了一套系统、科学的文字体系，这套体系既反映文化，又与文化相互依存。汉字与文化的关系，主要表现在两个方面：一方面，汉字的字意系统记录了文化系统；另一方面，汉字的字形构造反映了文化现象。

（一）汉字是中华文化的记录系统

汉字有其完整严密的系统性，它具有超越时空、超越方言的特性。自从其产生，就承担着传承中华民族文化的重任。汉字记录了中国的历史，如甲骨文记录了商周编年史，毛公鼎的篆文镌刻了秦的历史及《二十四史》；汉字记录了浩瀚的典籍，如先秦诸子的论辩和散文、唐诗宋词、《四库全书》，等等。汉字系统作为中华文化的图腾，凝聚着中华文化体系的核心。

（二）汉字结构的文化内涵

汉字作为中华民族特有的语言符号，有自己独特的结构和特点。汉字独特的结构凝结了中华民族几千年的文化和劳动人民的智慧，反映着中国古代历史文化进程。了解汉字结构的文化内涵，有利于促进汉字文化的传播和发展。

汉字结构反映了传统上中国人独特的思维方式，这主要表现在两个方面：

第一，中国人注重礼节的思维在汉字的书写方式中折射出来。因为中国古代注重礼节，反映在汉字的书写中特别讲究横平竖直，方方正正，中规中矩，有礼有节；

第二，汉字结构中大多数为两部分构成，即左右、上下、半包围、包围等，无论是哪一种结构,汉字都讲究构字的平衡和对称,这既与中国人中庸的思想有关,又反映出中国人追求对称的审美标准。

另外,汉字结构具有很强的象形意蕴。由于汉字大多来源于象形字,因此,我们看到汉字的时候不一定知道它的正确发音,但是通过汉字的结构可以大体猜出它的意思。比如"燚[yì]",这是一个生僻字,很多人看到不会读,但看到四个火一定能猜到是"火势特别剧烈"的意思。类似这样的汉字有很多,如鑫、猋、淼、垚、蟲、矗等。

汉字作为一种表意文字,最大特点就是构形与意义紧密联系。在造字之初,人们将汉字记录的字义形象化,用简单而又精练的线条,把文字代表的意义生动形象地展现出来。这些汉字多是以现实生活为背景,对真实存在的事物和场景进行细致描绘,因此汉字的构形与当时的历史及社会文化紧密相连,同时也让后人能够依据汉字这个桥梁探究汉字背后积淀的历史和文化信息,汉字和时代之间的适应性也成为汉字文化分析的有力论证。

汉字的创造与生产方式紧密相连。新石器时代时期,畜牧业成为当时人的主要生活生产方式,反映"六畜"的汉字开始大量出现。如"家"字,"宀"下一个"豕",反映了家庭中家畜的重要性。"男""女",也分别体现了当时的社会分工:"男"字,上"田",下"力",是说男子主要承担农耕劳作;"女"字从"帚",反映了古时女子主要料理家务的场景。有谚语说"女在室内为安""田力为男",就充分说明了中国古代男主外、女主内的社会分工。所以,汉字不仅是作为符号语言来被看待,而且是带有道德观念的载体,成为价值判断的重要依据。

汉字与制度习俗紧密相连。在中国古代,祭祀是古代"礼"的重要部分,在传统文化中占据重要的地位。通过"祭"这个汉字的构成,我们就能看出古代祭祀习俗发展之完备和场面之壮观。"祭"的甲骨文,左边是"肉",右边是"手",用手捧着肉即是祭祀之礼。而金文中,"祭"在甲骨文字形之下又多了"示",则表示放在桌子上,有祈求神灵之意。

"婚"字的构成也体现了古代婚礼的习俗特点。《说文解字》记载:"娶妇以昏时,富人贪夜,顾曰婚。"而昏时娶媳妇的习俗又是源于"抢婚"之说,为了避免强抢女子带来的骚乱,婚礼便多在昏时进行。

"福"字的构成体现了古人豁达的生活观。甲骨文中"福"字似手捧酒樽往祭桌上进奉酒食,以酒祭神以求降福,后引申为神灵所降赐的"福气"。小篆的"福"字,一人有田地,有吃喝(口旁),还有精神生活(示旁)。

"食"字的构成体现了中国的膳食结构是以谷物为主,反映了中国的传统饮食文化习惯。在古文字中,"食"是一个像器皿盛着食物之形,有的字还在旁边加上几个点,表示釜底抽薪所提谷物之类。此外,"人""众""天"等字还体现出中国"天人合一""以人为本"的哲学思想。

汉字的形体构造中存储的文化信息,常常深入到一些琐细而具体的细节。我们可以通过汉字中存储的文化信息研究历史文化中的那些细节,探究历史发展轨迹。在中国几千年社会发展的进程中,汉字对整合中华民族、促进民族经济文化传承等起到了极其重大的作用。

在汉语国际推广中适时导入有关汉语文化知识,不仅能够让汉语学习者找到学习汉语汉字的捷径,而且能够深刻了解中国的历史文化,减少跨文化交际的障碍,增加对中国的认知了解。因此,要想学好汉语,真正了解中国文化,尽可能多地掌握汉字就是一条捷径。将汉字文化纳入汉语国际推广知识体系中,在向汉语学习者直接系统传授中华民族优秀传统文化的同时,还可以通过教授汉字,解析其中的文化内涵,一方面可以充实我们的教学内容,另一方面也会收到潜移默化的作用,进而有助于提升中华民族优秀传统文化的传播效能。

四、汉字文化导入汉字教学

汉字是汉语的基础,学好汉字又是篇章阅读和写作的基本功,是学生从口头表达过渡到书面认读的桥梁。汉字是中华文化的组成部分,是汉文化的子系统,它本身的演进就是一种文化图景的变迁。语言不能脱离文化而存在,汉字教学也不能脱离中华文化而独立进行,因此汉字文化教学是汉语教学的一部分。汉语教学不仅是文字的拼读和书写,还是深层文化内涵的阐释,汉语学习者只有掌握了丰富的汉字知识和汉字文化,才能更好地理解中华文化,聆听中国故事,感受中国精神。

汉字文化教学目的是掌握汉字并学会使用汉字,从教学过程看,是一个让学习者更重视接受的汉字学习的过程。重视读写教学的前提下注入文化信息,将极大提高汉字学习效率。

(一)汉字文化导入汉字教学的作用

在汉字学习中进行汉字文化的导入,将有助于激发学生汉字学习的兴趣。汉字难学的原因是难记、难认、难查,对于第二语言学习者来说,汉字笔画多,结构烦琐,没有简单的拼写,也没有语音的连贯。通过死记硬背机械记忆的话,就很容易忘记形体复杂的汉字结构或者把形体相近的字相混淆。因此,在汉字过程中把汉字所蕴含的文化角度作为教学的切入点,充分挖掘汉字所承载的文化信息,使汉字教学更具有生动性、趣味性,才能更好地调动广大学生学习汉字的积极性,也能更好地让学生识记汉字。教师在进行汉字教学时要抓住汉字本身的特点,从汉字的字形、结构上分析汉字,找寻它背后的文化现象,形象化地讲解汉字,调动学生的学习兴趣,以达到预期教学目的。如:会意字"休"指人依靠在树下休息;"名"指夜晚彼此看不见,所以自己称呼自己的名字。

汉字文化导入,将提高汉字书写的正确率,有效地防止和纠正错别字。汉字文化教学导入不仅能提高学习兴趣,还能提高书写能力。通过文化导入,能加深对汉字的印象,尤其是形体复杂的汉字结构或者形体相近的字,进而提高汉字书写正确率。如汉字"既"和"即"是比较容易混淆的,从文化导入教学就很容易区分开来。"即"在甲骨文的写作中左边是一个内盛食物的器皿,右边是一个人,面向食物跪坐在器皿前,因此"即"的本意是"就食",引申为"接近,靠近"。而"既"则刚好相反,表示跪坐在器皿前的人把脸向后转,表示吃饱饭后,掉过头去嘴背着面前的器皿,引申为"完成、结束"之意。这样从字的文化含义分析下来,就不会再混淆了。

(二)汉字文化导入汉字教学的方法

1.从汉字的基本构造导入汉字文化

汉字的结构是既有一定规律可循,又有文化内涵,将这些加入汉字教学中,有利于提高汉字学习效率。如象形字的特点就是像一幅图画,因此利用汉字图画性的特点识记汉字,能通过直观性加强对汉字的记忆,提高汉字学习的积极性。如学习"月""日""雨""牛""羊"等字时,就可以通过展示原始的汉字形体图片,把这些字的简化过程给学生看,学生就会更加清楚字体的演变进程和形体结构,加深对这些字的理解。象形字作为构成汉字的基础,虽然在汉字中占比不多,但却为会意字和形声字打下基础。因此,从汉字的造字法入手,用生动形象的图片展示汉字的结构和形态变化,有助于了解汉字的基本来源与基本构造,逐渐形成对汉字的初步认知。

在指事字的教学中,可以采用联想法拓展学习者的思维。如本、末的区别就在于"木"上的一点添加在何处。"本"在树木的根处加上符号,表示树木的根本。"末"在树梢处加上符号,表示树木的树梢。会意字的教学,可以通过组合部件、整合意义来理解汉字。比如两个木是"林",很多树木是"森";两个人一起行走是"从";"安"字则有"家（宀）"中有"女（女主人）"才能安定的意思。

在形声字的教学中,可以通过偏旁的表音、表义功能理解大部分汉字。比如"江""河""湖""池""沟""海""洋",就可以推知这些字代表的意义都跟"水"有关;看到"蚊""蚁""虻""蜂""螨""蟑""蝇"等就知道这些字代表的意义都跟"昆虫"有关;比如带"金（钅）"的汉字一般与金属有关;"气"的汉字一般与气体有关;带"虫"的汉字一般与昆虫或动物有关。

总之,从造字法入手是最基本的方法,能帮助学习者了解汉字来源,对汉字形体、结构形成初步认知,培养学生对汉字的"字感",提高学习兴趣和认字能力。

2.从汉字的部件音义规律导入汉字文化

对于由两个及两个以上的部件组成的合体字,从部件的音义规律去学习汉字意义。许多汉字的构成是有据可循的,分析部件的形体、读音,归纳部件的意义起到类化汉字的作用,可以减少记忆的负担。对某一类部件的文化意义进行归纳,可以举一反三,掌握同类汉字的意义。例如:

"讠"是由"言"字演化而来,一般以这个为部件的汉字都与说话、语言有关,如"说""话""语""谈"等。而"忄""心"反映了古人的思想认识,如"思""想""虑""情""恨"等。还可以从声符上建立语音的关系,

"当"为部件的汉字"挡"、"档"、"裆"、"铛"读音相近。多个部件组成一个汉字,我们可以从其组合部件的文化意义入手,比如"掰",表示两只手将物体从中间分开,就是掰开、分开之义。从部件的音义规律入手,不仅充满趣味性,还将音、义密切联系起来,帮助学生识记更多汉字。

"贝"字,中国社会早期的货币是以贝壳充当的,由此与"贝"相关的汉字多与钱财有关。许慎《说文解字》记载:"古者货贝而宝龟,周而有泉,至秦废贝行钱。"这些字包括:财、货、资、赠、贷、贿、赂、贺、贡、赍、赐、赏、赢、贾、购、贸、赎、费、贮、败、赈、贵、贱、贪、贫等等,可以寻觅保留在汉字形体上的中国古代货币制度的文化信息。

3.从文化故事导入汉字教学

从文化故事入手进行汉字教学,可以增强汉字学习的兴趣。汉字的文化故事内容丰富,可以从多个角度入手。采用讲述文化故事的方法来讲解汉字,通常会给学习者带来新鲜感。这种汉字文化导入,既能调动学生的积极性,又

能通过故事情节而记住相应的文化知识,记忆深刻而牢固。

比如,可以借助中国的传统习俗、传统节日开展汉字教学。中秋节的传统习俗是:一家人团圆,赏月、吃月饼。于是,"月""团""圆""家"这些字都有了更加生动的含义。

又如"戏"字的学习,通过对京剧及脸谱的展示来学习这个字,可以增强对它的认知。

对于"笔"字学习,初学者可能不了解为什么由竹和毛两部分组成,因此让初学者了解远古时期的笔是用竹管和兽毛为材料制成的。中国的毛笔,笔杆是用竹子做的,所以这个字的上面是"⺮"字头,下面的笔尖是用动物的毛发制成的,由此产生"毛笔"一词,这样就容易学习这个字,同时还可以认识"文房四宝"中的砚、墨、纸等字。

也可以通过趣味故事将汉字的意义联系起来,依据汉字的字形、字义编一些有趣的小故事进行汉字教学。除了中华文化故事以外,中国的禁忌、祈福文化等也可以导入汉字学习中。比如,以中国的数字文化为例,中国人普遍不喜欢"四",认为它不吉利,因为"四"和"死"谐音,"六"和"八"代表"顺"和"发","九"代表"久"等。

总之,汉字文化教学在汉语国际推广中具有重要意义。汉字是中华文化的载体,而中华文化通过汉字得以传承。因此,在汉语国际推广中适当导入汉字文化,能够让汉字学习者更容易理解汉字的结构特点和规律,也能使他们了解汉字背后所蕴含的深刻的文化意义。

五、汉字的世界影响

汉字是中华文明的显著标志,汉字及其蕴含的中华文化曾经对朝鲜、韩国、日本、越南等国家文化产生了巨大而深远的影响,并形成东方文化圈。汉字作为现存最古老、最发达、最完备的文字系统,是因为其背后有着强大的中华文化为支撑,时至今日中华文化作为唯一没有中断的古老文化仍然延续并保持着旺盛的生命力,也给汉字的发展输入强大的动力。汉字蕴含着丰富的中华文化信息,学习汉字的过程就是不断了解中国人的思维方式、风俗民情、人文历史、思想意识的过程,更是一个中华文化的传播过程。如今,汉字已成为"联合国六种通用文字"之一,汉字作为中华文化进一步走向世界的先锋和桥梁,必将随着中华民族在世界舞台上的地位的提升,进一步得到发扬光大。

　　汉字作为世界上最古老的文字之一,是唯一从原始社会传承到现代仍在使用的文字。在汉语教学中适时导入有关汉语文化知识,能够让学生找到学习汉语汉字的捷径,把汉字字体结构中包含的艺术精神运用到课堂教学中,让汉语学习者深入认识和掌握汉字的形体结构。教师在汉字教学实践中对汉字艺术精神的宣传,可以使学生提高学习兴趣、增强对汉字的体悟、提高汉语学习效率、深入理解中国文化,具有事半功倍的效果,而且能够使其深刻了解中国的历史文化,减少跨文化交际的障碍,增强对中国的认知和了解。

第四章 中国民俗文化与汉语国际推广

在任何一个国家或民族的文化遗产中,民俗文化都是不可或缺的组成部分,成为构成文化史的重要因素之一。民俗文化是人们生活的真实写照,人们的生活方式和思想观念都能从中基本上反映出来,它体现着特定群体的价值观。因为每个国家和民族所处的政治、经济、历史环境不同,所以其民俗文化必然也不尽相同。近年来,伴随着"非物质文化遗产保护"的提出,民俗文化的重要性越来越受到关注,关于民俗文化的研究和保护更是层出不穷。中国民俗文化是中华文化的重要组成部分,将中国民俗文化融入汉语国际推广中,使汉语学习者深入了解中国的民俗文化,不但能在交际过程中减少误解、偏见和文化冲突,而且有助于学好汉语,提高交际能力,也可以进一步促进中华文化传播。

中国民俗文化,它随着社会的发展而发展,可以帮助人们了解中华传统文化,因此学习中国民俗文化能够使汉语学习者在学习过程中获得更加实用的语言表达,进而掌握在日常交际中如何正确使用汉语。

一、民俗文化概述

(一)民俗文化定义及分类

民俗文化是一个国家或民族在历史和社会发展过程中,为满足人们生活而自发创造和继承的生活文化,是民族文化的基本形式,也是民族精神风貌的体现形式。民俗文化是民间民众的风俗生活文化,是由民众所创造、共享、传承的风俗习惯。民俗一经形成,就成为规范人们行为、语言及心理的一种基本力量,它承载了民众生活的丰富文化内涵。任何一个民族,在漫长的社会历史发展过程中,都必然会形成特色分明的民俗文化。中华民族五千年文明,更是创造了历史悠久极具特色的中国民俗文化。

民俗文化是一种基础文化,从古代到现在,民俗文化都与人们的生产、生活息息相关,表达着人们期盼吉祥如意、兴旺发达的意愿。民俗文化更是时代的产物,它是各民族在长期实践活动中创造与积累的文明成果,对人们的生产、生活以至长远的学习与研究具有指导作用。

民俗文化涉及的领域比较广泛,大致可以概括为:物质民俗、社会民俗、精神民俗和语言民俗。

①物质民俗:包括衣、食、住、行、生产、商贸等。

②社会民俗:包括社交礼俗、人生礼俗和岁时节令习俗。

③精神民俗:包括民间信仰、禁忌、伦理观念等。

④语言民俗:包括民俗语言(俗语、谚语、歇后语等)和民间文艺(神话传说、故事、说唱等)两方面。

(二)民俗文化的基本特征

1.集体性

民俗文化的集体性,主要体现在其产生和流传方面。在远古时代,由于生产力低下,人的活动是以集体形式而存在的,如原始自然崇拜和图腾崇拜是全体民众共同创造的,因此,社会性是人的本质属性,人类的群体活动产生了民俗文化。民俗形成之后就成为集体的行为习惯,民俗的流传也是通过集体的智慧在其中融入新的活力,不断加工、增补、筛选,使最早粗陋的形式趋于完善,通过集体的语言、心理和行为传承给下一代,周而复始,不断延续。因此,民俗文化的最本质特征是其集体性。民俗文化在民间代代相传并形成一定生活模式,代表了某一社会群体在语言、行为和心理上的习惯,具有集体特征。

2.传承性

民俗文化的传承性,表现在一代又一代的人在不知不觉地传递着民俗文化,民俗文化在个人积极主动地参与传递中,生生不息、有目标地发展并自我完善,且保持着相对的稳定性。如除夕贴对联、放爆竹、吃年夜饭;元宵节吃元宵;中秋节吃月饼、赏月;端午节赛龙舟、吃粽子以纪念屈原等。这些习俗从古代就流传了下来,因此,民俗文化存在于人们的日常生活中,是一种靠口头和行为传承的文化模式。

3.多样性

俗话说"十里不同俗",中国幅员辽阔,民族众多,文化环境是民俗赖以生存的根本,民俗文化与居住环境密切相关,地区差异明显,再加上信仰不同,文化传播不均,不同地方、不同的民族有着不同的文化习俗,呈现出鲜明的多样性特征。每个民族在社会历史发展进程中,都形成了自身独特的民俗文化属性,各自的民俗特色文化还保留得相当完整。另外,中国是一个多民族国家,民俗文化体现出多民族特点。每个民族都有自己的优秀历史和传统文化,但是各民族杂居在一起,文化之间相互影响、相互融合,又会产生新的民俗文化。

4.规范性

指在人们意识中,潜移默化地形成了民俗的规范,使人们自觉地在限定的伦理常识和习惯规范中行事。即便是在公共事务处理中,官方会制定一些条例,但基本上会与民众共有的风俗惯制保持一致的态度。比如家族要有家教、家规、家法;村落要有村规、村约;婚丧嫁娶要有一定的程序和规范;岁时节日要有一定的仪式或寄托等。

5.共通性

民俗文化同时具有共通性,与其他社会阶层和其他时空的民俗有着千丝万缕的关联。一方面表现在不同阶层有着相通的民俗内容,如王公贵族与老百姓一样遵循着传统节日习俗;另一方面表现在,即使地域不同,民俗也会有相通之处。尤其是在不同的地方存在着一些相似的风物传说,如在我国许多少数民族中都有"洪水泛滥的传说"。

二、民俗文化融入汉语国际推广的必要性

(一)民俗文化与语言关系密切

民俗文化不仅是一种原生态文化,而且是一种生活文化,与语言的关系极为密切。语言和民俗文化相互依存、相互作用。民俗文化是语言的重要内涵,语言是民俗文化的重要载体。著名语言学家吕必松对风俗习惯、文化传统以及观念等对语言和语言教学的影响进行过研究。他认为风俗习惯、文化传统

以及观念等一系列文化因素体现于语言系统之中,并制约着语言的交际,使得语言教学与一个民族的传统民俗文化相互依存。语言是人类文化的一个重要组成部分,汉语国际推广既是语言教学,也是文化教学,而民俗文化作为一种生活文化,是文化教学的一个重要的组成部分。它集知识性、趣味性为一体,通俗易懂、生动并富有内涵,是汉语学习者了解中国文化,尤其是民族文化的重要切入点与突破口。

民俗作为影响汉语教学的文化因素之一,在汉语教学中,其作为异域文化,同时具有趣味性、生动性,尤其是与来华留学生的生活密切相关的文化,能够调动他们学习汉语的好奇心和积极性。把民俗文化引入汉语教学时,不是为讲民俗而讲民俗,而是为汉语教学服务,引入民俗文化是为了使学习者更好地理解汉语的内涵,从而真正学会如何使用汉语。

语言和民俗文化在相互依存、相互作用中产生的民俗语言,包括亲属称谓、招呼语、社交称谓、方言词、谚语、歇后语、惯用语、俗成语、流行语等,成为记载并传承着民俗文化一个内容。在汉语国际推广中学习和灵活运用民俗语言,既能有效避免学习者对某些语言的误解,规范其语用,又能学习并传播中国的民俗文化。

汉语中很多词汇包含着丰富的民俗文化内涵。例如,在汉语中,龙、凤是汉民族吉祥、高贵的象征,因此在汉语中与龙、凤组成的词都是褒义词,如"真龙天子""龙凤呈祥"等,这就使西方人难以理解,因为"dragon"一词被用作"龙"的英文翻译,而这个词还含有"严厉凶恶之女监护人""蜥蜴"的意思,所以西方人对它并无好感,认为"龙"是一种凶恶的怪兽。这是他们不了解中国的"龙文化",中国人认为"龙"是中华民族祖先的象征,称自己为"龙的传人"。"龙"是中国人的崇拜和信仰,因此,在汉语课堂上要重点介绍中国的这一习俗,让外国人了解中国的"龙文化",同时可以讲解关于龙的词语,如望子成龙、得婿如龙、龙飞凤舞等。再如,"俯首甘为孺子牛"是赞扬那些具有默默奉献却不图回报高尚精神的人们,因为中国自古以来是以农耕经济为主体经济,"牛"因其体大力强、善于负重的特点,在农耕生产中扮演了重要的角色,因而它在人们心目中一直是勤劳、忠厚、执着、奉献的代表。"老黄牛"受到中国人的敬仰。在中国的许多少数民族中更是将牛作为本民族的图腾,比如佤族,家家户户的房子里都将牛头作为装饰。

语言是人类最本质的文化特征,语言映射民俗,民俗渗透于语言的方方面面,这些透示出语言的文化底蕴与民俗的文化功能。语言既是交流思想感情的工具,又是民俗传承的工具,各民族的神话传说、故事、民歌、叙事诗、谚语等离不开语言,语言是民俗的天然载体,其本身又是识别民俗与民俗特征的基本标志,因此,语言学习过程也是民俗文化的学习过程。所以,在汉语学习中,语言与中国民俗密不可分。

(二)民俗文化有助于对汉语文化的理解

民俗义化是一种生活文化,与日常生活息息相关,它是生活与文化的复合体。从传统节日到衣食住行以及在生产劳动的各个环节,无不蕴含着民俗文化,每个人都生活在特定的民俗之中。因此,在汉语国际推广中,导入民俗文化,使汉语学习者从根本上了解中国的文化特质,更有助于他们理解中国人行为方式的文化习惯和文化心理,增加他们对中国民俗文化差异的敏感性,克服交际中可能出现的障碍,有效缩短他们的文化接受过程,从而更好地理解和使用汉语言,提高语言交际能力。

汉语学习中,汉字是比较难的,学习者对汉字学习有畏难的心理,因此导入民俗文化知识是必要的,不仅可以使枯燥的语言学习变得生动起来,而且使汉语学习者既知其然又知其所以然,轻松地理解汉字的内涵,将会缓解学习者的畏难心理,帮助学生掌握好汉字。如对"家"字的理解:从甲骨文字形上分析,上面是"宀"(mián),表示与家室有关,下面是"豕",即猪的意思。在远古时期,生产力低下,人们多在屋子里养猪,所以房子里有猪就成了人家的标志。还有"安"和"男"这两个字,"安"是会意字,由"女"在"宀"下组成,表示无危险;"男"也是会意字,从田,从力,表示用力(一说指耒)在田间耕作,这两个字形象地体现出古代社会中"男主外,女主内"的男耕女织的自然经济状况。

另外,汉语还通过语音的特点反映汉民族社会习俗,如在祝寿或贺新婚时是不能将"钟"和"伞"作为贺礼送人的,因为"送钟"与"送终"、"送伞"与"送散"在汉语里是会发生谐音联想的,其意义不吉。诸如此类的词语在汉语中非常多,因此,在学习汉语是要渗入民俗文化教学,才能认识到汉语的内涵。

民俗文化是社会生活中最富情趣的领域,也是一个民族或一个地区文化传统、价值观念及生活方式的集中体现,同时也是学生最感兴趣的一部分。在汉语教学中,给汉语学习者介绍中国的民俗文化的内涵,可以引发他们的浓厚兴趣。因此,教师在教学中加强民俗文化教学,有助于学生在生活中理解中国文化,降低语言文化教学的难度,增强趣味性,使学生更易于理解和接受,大大缩短其文化适应过程。

(三)民俗文化有助于提高跨文化交际水平

民俗文化是人类创造的文化,是整个文化意识形态的基石,语言中沉淀着无数的民俗文化信息,而民俗文化是影响跨文化交际的重要因素。《礼记·曲礼》记载:"入境而问禁,入国而问俗,入门而问讳。"意思是初到异地有必要了解民俗,才能融合进去。所谓"入乡随俗"。民俗的差异,是影响跨文化交际的重要因素之一。

民俗文化是当代社会中鲜活存在的,它潜移默化地影响着每一个人的生活。同时,民俗文化是隐含在语言的结构和表达系统之中的,本地人习以为常,而外来人则无法知晓。在汉语教学中民俗文化是一个不能被忽略的因素,如果只是进行单纯的汉语学习,不介绍民俗文化,就会使汉语学习者无法真正理解汉语这门语言,也很难提高跨文化交际水平。当汉语学习者来到中国生活、学习时,面对的是与其母国风俗习惯截然不同的全新环境,他们必须首先了解掌握中国的民俗文化。因为在生活学习、交际工作中经常会接触到各种民俗,如外国人可能不知道大部分中国人将"早餐"称作"早点";中国人见面喜欢问"你吃了吗?"并非真的关心是否吃的问题,而仅仅是一种招呼语。只有当留学生对这些民俗有了大致的了解之后,才能在交际中帮助他们接受一些本来无法理解的行为现象,这样能够尽量避免交际中的障碍。因此,为避免学习者在语言运用过程中出现交际障碍及文化冲突,进行民俗文化的教学是非常必要的。

总之,民俗文化教学是对汉语国际推广中不可忽视的一部分。中国民俗文化博大深厚,不同地域、不同民族都有自己独特的民俗文化,了解中国不同地方的民俗文化,有助于汉语学习者更深入地理解中国社会风俗和中国人的语言、行为习惯;同时,也会使得汉语教学变得有趣生动,提高学习效率。

三、汉语国际推广中民俗文化的选取内容

中国民俗文化包罗万象,如果全部都纳入汉语国际推广中,可能会出现内容太多,难以吸收,或因汉语学习者持有不同观念而引起抵触。因此,在内容的选取上要遵循广泛性与代表性相结合、知识性与趣味性相结合、适量性与适度性相结合的原则。首先,要侧重介绍那些容易引起误会和文化冲突的文化习俗,如中国人爱问别人体重、收入等,这让外国汉语学习者觉得是刺探其隐

私;其次,要侧重与实际生活相关的问题,要着重介绍贴近生活的例子,对于已经被时代淘汰、抛弃的旧民俗文化内容则可以不介绍或少介绍,如古代婚俗、祭祀等。基于这样的原则,在此选取与现代生活息息相关又较有情趣的中国民俗进行介绍。中国民俗文化内容丰富,不同民族的风俗习惯也是千差万别,所谓"百里不同风,十里不同俗"。因此,本着以上原则选取中国传统节日、饮食文化、色彩文化、社交礼俗、禁忌文化进行介绍,以提高学习者的交际能力。

(一)中国传统节日

中国传统节日作为中华民族悠久历史文化的重要组成部分,其形式多样、内容丰富,承载着中国人的原始信仰、祭祀文化、天文、术数、历法等人文与自然文化内容。中国传统节日不仅清晰地记录着中华民族丰富而多彩的社会生活文化内容,而且积淀着博大精深的历史文化内涵。这些节日蕴含着注重血缘、天人合一、团圆友爱、以和为贵和礼尚往来等特质,与我们这个时代的精神气质一脉相承。它的产生体现了中华民族对自然的认识和尊重,蕴含着厚重的历史与人文情怀,拥有丰富的文化内涵和精神核心。中华民族通过多种多样的节日形式,表达出中华民族的价值和思想、道德和伦理、行为与规范、审美与情趣,也凝聚着人们对幸福生活的积极向往和执着追求。传统节日集中华民族的精神、气质、思想、智慧于一体,是优秀传统文化的具体代表。传统节日根植于中华民族的精神家园与文化情怀之中,具有增强民族凝聚力和国家认同、维护社会和谐稳定、增强国家软实力、提升国家竞争力的功能。中国的传统节日很多,这里主要介绍春节、清明节、端午节和中秋节。

1.春节

(1)春节概述

春节是农历新年,从农历正月初一开始,到正月十五才结束,已有四千多年的历史,这是中国最隆重、最热闹的一个传统节日。在春节期间,我国的汉族和很多少数民族都要举行各种活动来庆祝。春节起源于殷商时期年头岁尾的祭神祭祖活动,是中国最盛大、最热闹、最重要的一个古老传统节日。在中国民间,传统意义上的春节是指从腊月初八的腊祭或腊月二十三或二十四的祭灶开始,一直到正月十五才算结束,其中以除夕(大年三十)和正月初一为高潮。以祭祀祖神、祭奠祖先、除旧布新、迎禧接福、祈求丰年、家人团聚为主要内容。春节的活动非常丰富,多姿多彩,带有浓郁的中华民族特色。受到中华文化的影响,属于汉字文化圈的一些国家和民族也有庆祝春节的习俗。

　　除夕是团圆之夜,"家"对于中国人有着非常的意义,中国人非常注重家庭、血缘关系,因此即使身在天涯,也要在除夕之夜赶回家中吃年夜饭和守岁。除夕夜的家是一个格外温馨甜蜜的空间,这一晚全家人团坐桌前吃一餐团圆饭,气氛十分热烈。家中的小辈们须向长辈行礼辞岁,老人们则要分压岁钱。压岁钱原是用厌胜驱邪、帮助小孩子过年的,后世则多借此表示亲情爱意。从1983年第一届春节联欢晚会在中央电视台播出后,"大年三十看春晚"成为一项新的节俗,现在中央电视台推出的春节联欢晚会成了除夕夜饭后阖家团坐守岁中的重要内容。

　　(2)春节的习俗

　　其内容十分丰富,包括:扫尘、贴春联、贴窗花、守岁、放爆竹、拜年、蒸年糕、包饺子等等。

　　扫尘:在腊月二十四,就要开始掸尘扫房子。按民间的说法,因"尘"与"陈"谐音,新春扫尘有"除陈布新"的含义,其用意是要把一切穷运、晦气统统扫出门。这一习俗寄托着人们破旧立新的愿望和辞旧迎新的祈求。每逢春节来临,家家户户都要打扫环境卫生,清洗各种器具,拆洗被褥窗帘,清扫房屋。

　　贴春联:春联是我国特有的文学形式,它以工整、对偶、简洁、精巧的文字描绘时代背景,抒发人们的美好愿望。每年春节将来临时,大多数家庭都会精选一幅大红春联贴于大门上,以增加喜庆气氛。在贴春联的同时,一些人家还在屋门上、墙壁上、门楣上贴上大大小小的"福"字。春节贴"福"字,是我国民间由来已久的风俗。"福"字指福气、福运,寄托了人们对幸福生活的向往,对美好未来的祝愿。为了更充分地体现这种向往和祝愿,有的人干脆将"福"字倒过来贴,表示"幸福已到""福气已到"。民间还有将"福"字精描细绘做成各种图案的,图案有寿星、寿桃、鲤鱼跳龙门、五谷丰登、龙凤呈祥等。

　　贴窗花:在许多地方,人们还喜欢在窗户上贴上各种剪纸——窗花。窗花不仅烘托了节日的喜庆气氛,也集装饰性、欣赏性和实用性于一体。剪纸在我国是一种很普及的民间艺术,千百年来深受人们的喜爱,因为它大多是贴在窗户上的,所以也称其为"窗花"。窗花以其特有的概括和夸张手法将吉祥物、美好愿望表现得淋漓尽致,将节日装点得红火富丽。

　　守岁:除夕守岁是最重要的年俗活动之一,守岁之俗由来已久。除夕之夜,全家团聚在一起,吃过年夜饭,围坐闲聊或看春节联欢晚会,等着辞旧迎新的时刻,通宵守夜,象征着把一切晦气驱走,期待着新的一年吉祥如意。古时守岁有两种含义:年长者守岁为"辞旧岁",有珍爱光阴的意思;年轻人守岁,是为了延长父母寿命。守岁是一个家人欢快齐聚的美好时光。

放爆竹：中国民间有"开门爆竹"一说，即在新的一年到来之际，家家户户开门的第一件事就是燃放烟花爆竹，以噼里啪啦的爆竹声辞旧迎新。

拜年：新年的初一，人们都早早起来，穿上最漂亮的衣服，打扮得整整齐齐，出门去走亲访友，相互拜年，恭祝来年大吉大利。晚辈要先给长辈拜年，祝长辈长寿安康，长辈可将事先准备好的压岁钱分给晚辈，据说压岁钱可以压住邪祟，因为"岁"与"祟"谐音，晚辈得到压岁钱就可以平平安安度过一岁。

蒸年糕：年糕因为谐音"年高"，再加上有着变化多端的口味，几乎成了中国南方地区家家必备的应景食品。年糕的式样有方块状的黄、白年糕，象征着黄金、白银，寄寓新年发财的意思。

包饺子：在中国大部分地区，尤其是北方，春节过年有包饺子的习俗。因为和面的"和"字就是"合"的意思；饺子的"饺"和"交"谐音，"合"和"交"又有相聚之意，所以用饺子象征团聚合欢；又取更岁交子之意，非常吉利。此外，饺子因为形似元宝，过年时吃饺子，也带有"招财进宝"的吉祥含义，而且一家大小聚在一起包饺子，话新春，其乐融融，增添了许多过节的气氛。

（3）关于"年"的传说

传说中国在很早以前，有一种叫"年"的怪兽，头长尖角，凶猛异常。它长年住在海底，每到除夕之夜，就会爬上岸来吞食牲畜伤害人命。因此除夕这一天，为躲避"年"的伤害，村村寨寨的人们扶老携幼逃往深山。

在一年的除夕，大家像往年一样都忙着收拾东西准备逃往深山，这时候村东头来了一个白发老人，白发老人对一户人家老婆婆说只要让他在她家住一晚，他定能将"年"兽驱赶走，众人不信，纷纷劝其还是上山躲避的好，但老人坚持留下，众人见劝他不住就上山躲避去了。

当夜色降临时，"年"兽像往年一样准备闯进村里肆虐的时候，突然传来爆竹声，"年"兽浑身战栗，再也不敢向前凑了。原来"年"兽最怕红色、火光和炸响，这时大门大开，只见院内一位身披红袍的老人哈哈大笑，"年"兽大惊失色，仓皇而逃。

第二天，当人们从深山回到村里时，发现村里安然无恙，才知道白发老人是帮助大家驱逐"年"兽的神仙，同时老人示范了驱逐"年"兽的三件法宝：贴红对联；燃放爆竹；户户灯火通明，守更待岁。从此，这些就成了中国过年的习俗。

2.清明节

（1）清明概述

清明节最早只是一种节气的名称，节期在仲春与暮春之交。在中国的传统节日中,清明节是唯一兼有节日和节气双重身份的节日。清明节大约始于周代,距今已有二千五百多年的历史。春秋时期晋文公把寒食节的后一天定为清明节。在中国传统文化里,清明节是一个纪念祖先及离世亲人的节日。扫墓祭祖与踏青郊游是清明节的两大礼俗主题,主要的纪念仪式是扫墓,并伴以踏青、植树等活动,节日体现祭奠祖辈、饮水思源、凝聚族群、迎春健身及关爱自然的含义。清明节源自上古时代的祖先信仰与春祭礼俗,兼具自然与人文两大内涵。清明节是中华民族最隆重盛大的祭祖大节,属于礼敬祖先、慎终追远的一种文化传统节日。清明节凝聚着民族精神,传承了中华文明的祭祀文化,抒发人们尊祖敬宗、继志述事的道德情怀。除了中国,世界上还有一些国家和地区也过清明节,比如越南、韩国、马来西亚、新加坡等。

(2)清明节习俗

包括扫墓祭祖、蹴鞠、射柳、踏青、荡秋千、打马球等一系列风俗、体育活动。

扫墓祭祖:清明节扫墓祭祖是最为重要的,铲除杂草,放上供品,于坟前上香祷祝,燃纸钱金锭,或简单地献上一束鲜花,以寄托对先人的怀念。

蹴鞠:是古代清明节时人们喜爱的一种游戏。相传是黄帝发明的,最初目的是用来训练武士。蹴鞠也被认为是最早的足球。

射柳:是一种练习射箭技巧的游戏。据明朝人的记载,就是将鸽子放在葫芦里,然后将葫芦高挂于柳树上,弯弓射中葫芦,鸽子飞出,以飞鸽飞的高度来判定胜负。

踏青:清明时节,春回大地,花开叶绿,自然界到处呈现一派生机勃勃的景象,正是郊游的大好时光。我国民间长期保持着清明春游踏青的习惯。

(3)清明节的传说

春秋时期,晋国公子重耳被迫害,因此逃亡国外。在流亡途中,他和随从到了一处荒无人烟的地方,重耳公子又累又饿昏倒了。他的随臣找了半天也找不到一点吃的,正在大家万分焦急的时刻,随臣中一个名叫介子推的人走到僻静处,从自己的大腿上割下了一块肉,煮了一碗肉汤让公子喝了,重耳渐渐恢复了精神,当他知道肉是介子推从自己腿上割下的时候,流下了眼泪,并表示将来会报答他。

十九年后,重耳公子战胜了对手并做了晋国国君,也就是历史上有名的晋文公。在即位后,晋文公重赏当初伴随他流亡的功臣,但却偏偏忘了介子推。很多人为介子推看不下去,劝他去向国君讨赏,但是遭到介子推的拒绝,他最鄙视那些争功讨赏的人。于是他打好行装,同母亲一起悄悄地到绵山隐居去了。

晋文公听说后,才想起介子推对他的恩情来,于是亲自带人去绵山向介子推谢罪。然而绵山山高路险,树木茂密,找寻两个人谈何容易。这时有人献计说用火烧绵山,逼介子推出来。但是当大火烧遍整个绵山,也没见介子推的身影。火熄后,人们才发现背着老母亲的介子推,已坐在一棵老柳树下死了。晋文公见状,痛哭不止,并命人厚葬介子推,同时下令将这一天定为寒食节,意即此日不可动火烧饭,只可吃冷食。当第二年晋文公率众臣登山祭奠时,他发现老柳树死而复活,便赐老柳树为"清明柳",并晓谕天下,把寒食节的后一天定为清明节。

(4)清明节的文化内涵

清明节的两大主题是祭扫和踏青。就祭扫而言,这一活动是将生与死联系、连接、沟通,接触到对人的终极关怀,它集中体现了中华民族的生命精神,是最富有生命意识的传统节日。在中华文化中,被灌输了"身体发肤,受之父母"的意识,因此要感恩父母,感恩祖先,慎终追远。在纪念祖先时,古与今、阴与阳、祖先与子孙精神相融贯,加深了代与代之间相生相养的伦理亲情。中国人把生命看作生生不息的生命链条,上承列祖列宗,下接子子孙孙。往前是祖先传递下来的,往后我们的精神又传递给子孙。于是有限的生命就变成无限中的一个环节,只要完成了自己的使命,就发挥了生命长链中一个环节的作用。而子子孙孙则要"慎终追远",感念生命长链中的先人们。清明节是"春生"的生命季节,举行仪式感念赐予我们生命的先人和逝去的亲人,不仅是血脉的相传,而且是精神的传承。

清明节是在春季的节日,春天是生长的季节,有青绿的颜色、漂亮的景致,万物复苏,生机勃勃,踏青因此也就成为中国清明节的重要内容。清明踏青反映了人们欲与大自然亲近、感受生命和谐的心理需求,也表现了在大自然生机勃发之际对生命变化的尊重与张扬生命活力的愿望。清明节是一个生机益然的节日,万物复苏不仅是踏青郊游的大好时光,也是春耕春种、插柳戴柳的适宜季节。有关清明的谚语多有与大自然的节律保持一致、与生态环境保持和谐的文化内涵,如:"清明下种,谷雨栽秧""清明不撒种,哪有五谷生""种树造林,莫过清明""清明谷雨紧相连,浸种春耕莫迟延"等等。

清明节作为传统节日,其产生和发展也具有浓厚的文化色彩。诗词是古人表达情感寄托思念的工具,许多文人墨客将自己的情绪赋予清明,留下了不计其数的诗词佳作。唐朝杜甫、宋朝黄庭坚等大家都以《清明》为题,作过诗句,其中最为著名、最脍炙人口的要数唐朝杜牧所作的《清明》,虽只有短短 28 个字,却堪称千古传诵的经典。

清明

杜牧

清明时节雨纷纷,路上行人欲断魂。

借问酒家何处有?牧童遥指杏花村。

这首诗以十分通畅的语言,描述了一幅江南清明时节的画面,犹若一泓潺潺的溪流,虽一曲三折,但又流畅自若,娓娓道出。同时体现出杜牧触景伤怀、欲归不得、感伤哀哭的内心愁情,堪称描绘清明时节的绝句。在汉语教学课堂中,可以将这首诗教给学生们,让学生在学习节日习俗时体会中国诗词之美,提高汉语学习效率。

3.端午节

(1)端午节概述

起源于中国,为每年农历五月初五,最初为祛病防疫的节日。春秋之前有龙舟竞渡的习俗,后成为华人纪念屈原的传统节日。"端"在古汉语中有开头、初始的意思,称"端五"也就如称"初五"。端午节习俗有划龙舟、挂艾叶、吃粽子、饮雄黄酒等。

(2)端午节的故事

端午节有许多传说故事,但是流传最广泛的是屈原的故事。据《史记·屈原贾生列传》记载,屈原(约公元前339年—约公元前278年)是战国末期楚国丹阳(今湖北宜昌秭归)人,楚怀王的大臣。他倡导举贤授能,富国强兵,因竭力主张联齐抗秦,遭到贵族子兰等人的强烈反对,并多次向楚怀王进谗言,楚怀王听信谗言后撤了屈原职务,并将他赶出都城,流放到沅、湘流域。屈原在流放中写下了忧国忧民的《离骚》《天问》《九歌》等诗篇。公元前278年,秦军攻破楚国郢都,屈原眼看自己的祖国被侵略,心如刀割,但是始终不忍舍弃自己的祖国,于五月五日,在写下了绝笔作《怀沙》之后,抱石投汨罗江自尽,以自己的生命谱写了一曲壮丽的爱国主义乐章。屈原投江后,当地百姓闻讯马上划船捞救。为了寄托哀思,人们荡舟江河之上,此后才逐渐发展成为龙舟竞赛。百姓们又怕江河里的鱼吃掉他的身体,就纷纷回家拿来米团投入江中,以免鱼虾糟蹋屈原的尸体,后来就演变成了包粽子的习俗。

(3)端午节的文化内涵

端午节作为中国传统节日,得以长盛不衰、受到喜爱的原因在于:

首先,纪念屈原是最鲜明的主题。在一系列端午节纪念活动中,人们能感受伟大爱国诗人高尚的品格,增强我们的民族意识与文化使命感,增强民族的凝聚力,传承屈原所代表的文化精神。1942年郭沫若的历史剧《屈原》的演出,正值抗日战争进入相持阶段,在该剧的影响下,激起了广大民众的爱国热情,更让屈原的爱国形象深入人心。1954年,屈原被列入世界文化名人名录。时至今日,端午节逐渐与屈原和爱国主义紧密联系在一起,并成为人类非物质文化遗产。

其次,端午节习俗是人们对生命、自然、美好人格和幸福生活的歌颂和期盼,它伴随着人们生活方式、思想方式的转变而变化。这个传统的节日除了有辟邪驱瘟的主题外,还被赋予对舍身报国等高尚人格的尊崇,同时通过吃粽子、赛龙舟等各项活动,人们在这个节日中也会得到物质与精神的享受。节日文化反映出人类与自然、社会既和谐相处又主动调节的生活智慧。

4.中秋节

(1)中秋节概述

中秋节,也称"仲秋节",在农历八月十五日。其起源于上古时代,普及于汉代,定型于唐朝初年,盛行于宋朝以后,至明清时已成为与春节齐名的中国主要节日之一。中秋节是秋季时令习俗的综合,其所包含的节俗因素大都有古老的渊源。中秋节以月之圆兆人之团圆,寓意为寄托思念故乡、思念亲人之情,也有祈盼丰收、追求幸福的美好愿望。

中秋节有祭月、赏月、吃月饼、玩花灯、赏桂花、饮桂花酒等习俗。一般在中秋节时,秋高气爽,天空明朗,云稀雾少,月光皎洁明亮,民间除了要举行赏月、祭月、吃月饼、祝福团圆等一系列活动之外,有些地方还有舞草龙、砌宝塔等活动。发展至今,吃月饼、赏月已经是中国过中秋节的必备习俗。在朝鲜半岛、越南、日本、新加坡、马来西亚、菲律宾等地都有过中秋节的习惯。

(2)嫦娥奔月的传说

相传在远古的时候,天上突然出现了十个太阳,晒得大地直冒烟,老百姓实在无法生活下去了。有一个力大无比的英雄名叫后羿,他决心为老百姓解除这个苦难。后羿登上昆仑山顶,运足气力,拉满神弓,一口气射下九个太阳。后羿为老百姓除了害,大伙儿都很敬重他。很多人拜他为师,跟他学习武艺。有个叫逢蒙的人,为人奸诈贪婪,也随着众人拜在后羿的门下。后羿的妻子嫦娥,是个美丽善良的女子。她经常接济生活贫苦的乡亲,乡亲们都非常喜欢她。一天,昆仑山上的西王母送给后羿一丸仙药。据说,人吃了这种药,不但能长生不老,还可以升天成仙。可是,后羿不愿意离开嫦娥,就让她将仙药藏在百宝匣里。这件事不知怎么被逢蒙知道了,他一心想把后羿的仙药弄到手。

八月十五这天清晨,后羿要带弟子出门去,逢蒙假装生病,留了下来。到了晚上,逢蒙手提宝剑,迫不及待地闯进后羿家里,威逼嫦娥把仙药交出来。嫦娥心里想,让这样的人吃了长生不老药,不是要害更多的人吗? 于是,她便机智地与逢蒙周旋。逢蒙见嫦娥不肯交出仙药,就翻箱倒柜,四处搜寻。眼看就要搜到百宝匣了,嫦娥疾步向前,取出仙药,一口吞了下去。嫦娥吃了仙药,突然飘飘悠悠地飞了起来。她飞出了窗子,越飞越高,最后飞到月亮上去了。

后羿外出回来,不见了妻子嫦娥。他焦急地冲出门外,只见皓月当空,圆圆的月亮上树影婆娑,一只玉兔在树下跳来跳去。妻子正站在一棵桂树旁深情地凝望着自己呢。乡亲们很想念好心的嫦娥,在院子里摆上嫦娥平日爱吃的食品,遥遥地为她祝福。从此以后,每年八月十五,就成了人们企盼团圆的中秋佳节。

(3)中秋节的文化内涵

中秋节赏月习俗,是人与自然和谐的一种表现。而在漫长的发展过程中,这种和谐又衍生出人与人的和谐,中秋团圆夜,吃团圆饭、喝团圆酒、品团圆饼、互相送月饼,进而达到人际的和谐。中秋节团圆的本质体现了人间的亲情,享受到团圆的乐趣。中秋节的文化内涵既有表达美满、和谐、富饶和安康的美好愿望,又具有团结、团圆、庆丰收的象征。汉语学习者应体会中国人过中秋节的快乐与价值,这种快乐与价值又绝不止它的物质性,而更在于中秋节从本质上的精神与物质的统一性。由于中秋节具有丰富的文化内涵,古往今来它一直为文人墨客所喜爱,因此咏中秋节的诗词非常多,其中最先想到的应该是苏轼的《水调歌头》。《水调歌头》在文学史上的中秋诗词中有着不可撼动的地位,南宋文学家胡仔在他的《渔隐词话后集》中说:"中秋词,自东坡《水调歌头》一出,余词俱废。"

水调歌头

苏轼

丙辰中秋,欢饮达旦,大醉,作此篇,兼怀子由。

明月几时有? 把酒问青天。不知天上宫阙,今夕是何年? 我欲乘风归去,又恐琼楼玉宇,高处不胜寒。起舞弄清影,何似在人间?

转朱阁,低绮户,照无眠。不应有恨,何事长向别时圆? 人有悲欢离合,月有阴晴圆缺,此事古难全。但愿人长久,千里共婵娟。

苏轼的这首词,有着对现实人生困境的深刻思考,从"明月几时有"的发问起,在无始无终的时空洪流中,以超越的视野探寻自我存在的位置,审视人间的悲欢离合,其思辨深刻,境界宏大,具有动人的艺术魅力。故中秋诗词,苏轼

《水调歌头》为千古绝唱。

(二)饮食文化

饮食文化是人们在生产食物中开展的社会活动,与国家、民族的饮食种类以及风俗习惯相关,饮食文化包括了物质层面与精神层面两方面内容。其中物质层面包括饮食的器皿以及饮食的米源,即食品的制作,诸如原料、工具、工艺设备、烹调技艺等。精神层面包括饮食卫生以及饮食观念(包括饮食礼仪、信仰),节日和婚丧等特殊时段中的饮食活动及饮食文学、艺术、饮食观念和饮食伦理,色、香、味、形、器的审美意向、审美心理等。

中国饮食文化是中华文明的重要组成部分,具有独特的特点与功能。中国饮食文化形成于先秦时期,经过近两千年的发展,中国传统饮食文化的特点已基本形成,先后有多部典籍对中国饮食文化详加论述。在《吕氏春秋·本味篇》里记载了五味调和理论;《黄帝内经》记载了主副食搭配平衡膳食的理论,提出"五谷为养,五果为助,五畜为益,五菜为配"的五谷营养学说;在《礼记·内则》提出四时与调味相和理论;在《论语·乡党》提出以"色、香、味、形"为核心的美食标准。

中国饮食涉及的内容很广,有传统饮食、饮食习惯、烹饪方法、特色小吃等等。地广物博的中国,由于气候和地理环境因素不同,导致中国产生了很多种对菜品的处理方式:炖、煨、炒、蒸、炸、涮、煮、熘、焖等,刀法也有剁、劈、切、削、拍、旋、刮等。纪录片《舌尖上的中国》展现了很多特色小吃,如岐山臊子面、宁波年糕、新疆馕、大理乳饼等等,不一而足。中国有句俗话"民以食为天",一日有三餐,一般人每天想得最多的问题就是"早上吃什么?""中午吃什么?""晚上吃什么?",而且在中国大地,到处都有美食,去北京吃烤鸭,去天津吃包子,去南京吃鸭血粉丝……饮食在中国人民心中的地位可见一斑。而中国饮食纷繁复杂,色香味俱全的饮食实在令人眼馋,令人心动,令人思念。冬至的饺子、端午的粽子、中秋的月饼等等也承载着太多的文化内涵。

1.中国饮食的特点

(1)食物原料选取的广泛性

地域辽阔,食物原料品种丰富。中国地域广大,食物原料分布地域性强,各地发展程度不一,以秦岭—淮河为界,形成了差异很大的南、北方气候环境:南方温暖多雨,适合稻米生长,南方人擅长用米制成糕饼、糍粑、米粉、汤圆等食品;北方的气候适合大面积种植小麦,主食为面食,所以北方人大多喜欢吃馒头、面条、饺子、烙饼等食品。中国汉民族的传统饮食文化,从进入农业社会的新石器时代开始,就基本形成了以植物性食料为主的饮食结构。在中国大多数的地方主食是五谷,辅食为蔬菜,外加少量的肉食。主食又因为地域和气候环境的不同,决定了中国南方和北方分别以米饭和面食为主食。在文化悠久和封闭程度等综合因素的作用下,中国形成了许多风格不尽相同的饮食文化区,主要大的区域有东北、京津、黄河下游、东南、中北、黄河中游、长江中游、西南、西北、西部高原等 10 个大区域,以下各省、市、县,甚至乡都有自己的特色。中国人看重食物的味道,食物原材料选材多样,有植物也有动物,有海味也有山珍。尤其是将动物内脏、猪蹄、鸡爪等都用来做菜,用动物内脏做出的名菜更是不胜枚举,如炒腰花、毛血旺、夫妻肺片、卤鸭胗等等。

(2)食物制作的灵活性

中国的饮食观念明显倾向于感性,中国人评价一种食物,通常用"好吃"或"不好吃"来形容,被称为是用舌头吃饭,即中国人注重的是食物的味道,而对于烹饪过程中营养是否遭到破坏,考虑得不多。为了追求"味美",可以用高温油炸食品,也可以长时间煮炖食品,这些烹饪方式会使食物的营养成分遭到破坏。

中国人以煮、烤、蒸、炒、炸为烹饪食物的主要方法,同时也采用熘、焖、烧、炖、煨、涮等烹饪方法。在制作同一道菜上有很大的随意性,不同的厨师有不同的做法,厨师可以根据季节、地区、饮食对象的偏好随意地调配,与西方的配料精确到具体数字相比较为随意,多是采取"少许、一些"这样的概念,因此每一位厨师所做的口味都不尽相同。而且每一地方人们的口味存在着差异,如江浙一带的人喜欢吃甜,在调味时会多加糖;川渝地区的人嗜辣,调味时可多放辣椒。中国烹饪原料来源广泛,调料丰富,成就了驰名中外的"八大菜系"和成千上万种菜品的制作,以此来满足中国人对美味的追求。"食无定味,适口者珍",这种有章法而无规则的烹饪方式,使中国菜肴名目万千,花色无穷。

中国饮食结构的另一大特征,是以热食、熟食为主,以冷食、生食为辅,这与西方"无蔬不生"和"肉类也生食"的饮食习惯形成鲜明对比。这是因为中国是从农耕社会发展而来的,人们居所相对固定,为食物加热提供了方便。

(3)区域风格的历史传承性

纵观中国饮食文化发展的历史,自原始社会发端以来,无论是朝代的更迭,还是社会制度的变更,都未对它产生太大的影响,使其得以不断丰富和发展。孔子早就说过"食、色,性也","民以食为天"的观念深入人心。在中国,从帝王将相到黎民百姓都把食放在首位,历代王朝中有的还设有专门负责统治者饮食的官吏。由于对饮食的注重,促使中国人在闲暇或原料丰富时,就想着变换花样丰富食膳,因此,在我国东南西北各地方产生了不同餐饮特色:涮北京、包天津、甜上海、烫重庆、鲜广东、麻四川、辣湖南、美云南、酸贵州、酥西藏、奶内蒙、荤青海、壮宁夏、醋山西、泡陕西、葱山东、拉甘肃、炖东北、稀河南、烙河北、罐江西、馊湖北、汃福建、爽江苏、浓浙江、香安徽、嫩广西、淡海南、烤新疆、醇台湾,港澳者、兼中西。

同时还有"八大菜系"之说,它将不同的美食几乎囊括在一起,形成别具一格的区域饮食文化。"八大菜系"为鲁、川、粤、苏、闽、徽、湘、浙菜,其中鲁菜具有咸鲜、浓油赤酱的特征;川菜具有重油、重盐、麻辣鲜香的特征;粤菜具有原汁原味、咸、鲜、清淡的特征;苏菜具有甜、黄酒味的特征;闽菜具有咸甜(南部)、香辣(北部)的特征;徽菜具有重油味、重盐的特征;湘菜具有重油、重盐、重辣、腌制腊味的特征;浙菜具有酱香味浓的特征。在各区域内饮食文化代代相传,变化缓慢。

(4)各区域间饮食文化的融通性

区域饮食文化处在不断交流融合与文化变化中,中国的饮食文化自产生之时,就处在民族融合和文化交流氛围之中,从三皇五帝一直到现代,都未停止对周边国家和国内各民族文化的吸纳,同时中国的饮食文化也不断向外传播着。近代以来还融入了西方饮食文化,如粤菜系便是清代时期吸收西方饮食文化而产生的;沪菜系也是清末民初时期吸收了西方饮食的文化而形成自身的特点。各区域饮食文化也是在相互促进的,反映在同一民族内的交流和不同民族间的交流上,因此,中国饮食文化无论在任何条件下,都在不断地发展和融合着。

(5)"共餐制"的饮食方式

中国人习惯"共餐制"的用餐形式,与中国家庭观念强,讲求和谐、共趣的传统有关。进餐时,大家喜欢围坐在一起,共同享用装在盘子里的菜肴;食物成了一桌人感情交流的媒介物,大家互相敬酒、让菜,体现了中国人互相尊重、礼让的美德。中国饮食方式的选择是以"情"为主导的,趋向于价值选择而非真假的判断,着重于人们的心理、情感和行为的协调和融合。中国人是要通过同桌共食来表现和睦、团圆的气氛,抒发祈愿平安、幸福的心情。它符合中华民族"大团圆""以和为贵"的民族心态。现在虽然提倡公筷、公勺等,但"共餐制"的用餐习惯不会改变。

另外,中国人有讲究面子的特点,在请客吃饭时非常讲究排场,不管家庭请客还是酒店宴请,主人为表示热情,会备或点很多的菜,因为如果主人准备的食品刚好够吃,没有剩余,则会被视为小气、照顾不周、薄待了客人。在这样观念的影响下,也造成很大的浪费。近年来,对于这种现象,政府相关部门发起"光盘行动"的倡导,使浪费有所减少。

在餐具的选用上,中国人用筷子夹菜,用碗盛饭。筷子一般是用竹子、木材制成,古时筷子叫"箸",从文献资料上看,最晚在商代晚期已有了"箸",战国晚期"箸"开始被用作吃饭的工具。用筷子吃饭,简单、经济又方便,很多西方人看到中国人将筷子运用自如都叹为观止,称赞这是一种艺术。

2.中国饮食的文化功能

(1)饮食成礼

《礼记·礼运》曰:"夫礼之初,始诸饮食。"在中国古代饮食内容、礼仪、规模等方面都有严格的等级礼制,食器的质地、造型、使用要讲究礼节,如周代天子的食宴要有十二鼎,其他诸侯依次递减,到普通百姓时,连食肉都受到限制;乃至各种宴会的规格、座次、食具的安排,均有明确而严格的规定:"左为上、首座,相对为二座,首座之下为三座、二座之下为四座……"从而体现出森严的等级性和伦理规范。入座的礼仪:先请客人入座上席,再请长者入座客人旁,依次入座,入座时要从椅子左边进入;入座后不要动筷子,更不要弄出什么响声来,也不要起身走动,如果有什么事要向主人打招呼。

进餐时也非常讲究礼仪,《礼记·曲礼》规定:"凡进食之礼,左肴右胾。食居人之左,羹居人之右。脍炙处外,醯酱处内,葱处末,酒浆处右。"进餐时要先请客人动筷子,夹菜时每次少一些,离自己远的菜就少吃一些,吃饭时不要出声音,喝汤时也不要发出声响,喝汤用汤匙一小口一小口地喝,不宜把碗端到嘴边喝,汤太热时要等凉了以后再喝,也不要一边吹一边喝。

在中国古代,饮食活动中很注重"长幼有序""尊卑有别"的原则,有着一套繁缛的礼仪。时至今日,很多礼仪已经废止,但是仍有一些保留了下来,如相互夹菜、敬酒等。饮茶也有茶礼,人们在倒茶、端茶、接茶、饮茶都有一套礼仪。倒茶只能倒半杯,民间有"茶满欺客"的说法。端茶和接茶都要双手,饮茶要慢慢地品饮,不能狂饮,有"一杯为品,二杯为解渴,三杯为饮大驴"之俗语。

(2)饮食与审美融合

中国饮食文化追求色、香、味、形、器五美俱备,其必然结果是使饮食文化成为包含饮食、饮食心态、美器与礼仪、食享与食用等多重文化内涵的一门"综合艺术"。中国古典美学的产生与饮食有着密切的关系,人们最初的美感和快感主要来自于美味,在饮食的口腹之欲的刺激下,激发出人们的审美情趣。在

《说文解字》中"美,甘也。从羊,从大。羊在六畜主给膳。"审美快感的发生最初来自味觉,美是建立在生活基础之上的。中国饮食,烹调讲究调味,进食讲究尝味,美不在于吃进食物,而在于对饮食的品味。于是,饮食之味可以升华为审美之味,味觉之美可以超越味觉而得到多种感觉的愉悦。这种愉悦来自眼、鼻、舌及心理等的快感。中国饮食不仅做工精细、富于营养,而且命名典雅得体,文采风流,富有诗意和文学性,意奇思巧。例如,"夏赏荷香""燕子归巢"等菜名,被赋予诗情画意,以富丽典雅之美名包含特殊含义,从而饮食被艺术化。古今许多文人佳作都是与饮食有关的,如《韩熙载夜宴图》《滕王阁序》等。中国古代文人认为饮食与诗、画具有同构性,味觉感受与艺术的审美感受等同起来。因此,中国饮食之美不仅在于味美,还因为它在色、香、形等方面都能给人以美的享受,因此美食还要配之以美器,伴之以美乐和美的环境,从而给人以整体的美感。

(3)饮品与陶冶心性结合

中国的饮品有酒和茶两大类,属于阴和阳两种性质。酒饮品表现为阳性,它刺激人兴奋、壮胆、发狂,可产生灵感,同时,也可以排解忧愁。如民间有"酒壮怂人胆"的俗语;《水浒传》里武松醉打老虎一段描写得非常精彩;诗仙李白素有"李白斗酒诗百篇"的美誉;苏轼有"明月几时有?把酒问青天,不知天上宫阙,今夕是何年……"的千古名句。在人际交往中,酒是表达感情的不可或缺之物。客人来访,以酒待客、劝客饮酒是自古以来的食俗,勤劝酒被视为表达情意的重要形式。酒还表达送别之意,尤其古代送别之作大多写到酒,其中王维《渭城曲》中"劝君更尽一杯酒,西出阳关无故人",更是脍炙人口的名句。当然也有许多人在忧愁和不得志之时采取以酒解忧的方式。

茶则属阴,以温和的方式来解忧愁陶冶心性。茶长于高山云雾之中,餐风饮露,沐天地之精气,以高洁、清新、平和为秉性,颇合文人宁静致远的清高意趣,中国人也往往采用烹茶饮茶的方式来陶冶心性、情操和消闲遣暇,或自煎自饮,或邀客举杯共品,均自得其乐,并由此衍生出茶文化。

茶文化反映了与茶相关的生产活动、艺术创造、观念意识和习俗方式,由茶"物质"和茶"精神"两个方面构成。茶文化是中国饮食文化的重要组成部分,有着悠久的历史、完美的形式、丰富的内容和巨大的影响力,渗透着中华民族传统文化的精华。茶的文化可以概括为儒释道、中医药、农耕文化等多种文化的相结合,是中华传统文化中一朵绚丽的奇葩。茶文化凝聚了中华民族"天人合一""以和为贵"的优秀文化精髓,具有很强的包容性、亲和力和凝聚力,真正体现了中国的人文精神和哲学理念,是中华文化形成、延续和发展的重要载体,是影响历史发展的重要因素。它融合了儒家的内省、亲和、凝聚,佛家的清静、空灵、禅机,道家的自然、养生与无为。以茶会友能营造的恰是人与人、人与自然和谐相处的氛围,所以深得文人士大夫的倾心与投入。饮茶追求的不仅是口腹享受,更是茶文化中的人文意蕴。

品茶体现着一种生活情趣,一种精神追求,一种人与人、人与自然和谐相处的乐趣。明人张岱在《西湖七月半》中所描绘的正是这样一幅图景:"小船轻幌,净几暖炉,茶铛旋煮,素瓷静递,好友佳人,邀月同坐。"从中可以看出中庸和谐、清雅脱俗、空灵淡泊的精神满足,都能从清茶的细细品味中获得。品茶可使人破愁解闷,气爽神明,文思如泉。当一些文人士大夫屡经仕途坎坷、人生磨难后,他们会从茶的清淳淡泊中品味人生,抚慰心灵的创伤,返璞归真,获得心灵的安宁。茶能增添诗兴,也能助诗思,茶与诗结下了不解的情缘,咏茶诗也成了古典诗歌的惯见题材,如白居易写有咏茶诗 30 首,苏轼有 60 多首,而陆游所作咏茶诗多达 200 多首,堪称历代诗人咏茶之冠。唐代大诗人元稹有一首别具一格的《一言至七言诗》,颇能道出茶的妙意:"茶,香叶,嫩牙,慕诗客,爱僧家,碾雕白玉,罗织红纱,铫(煮水的容器,用以煎药或烧水)煎黄蕊色,碗转曲尘花,夜后邀陪明月,晨前命对朝霞,尽洗古今人不倦,将知醉后岂堪夸。"

(4)饮食合欢

中国饮食文化与节日庆祝、婚丧嫁娶、人际交往结合得非常密切,中国节日往往以聚餐和宴饮为最高潮,除夕、春节、元宵节及中秋节要吃"团圆饭",端午节吃粽子、冬至吃饺子、中秋节吃月饼等,在大家共食过程中,调和了人际关系。饮食起到调和亲友、邻里关系的作用,增进了人与人之间的感情。中国饮食文化可以陶冶身心敦睦伦常,提高人生的性灵格调,也可以收团结人心、树立纲纪之效,因而清代康熙、乾隆皇帝多次举行"千叟宴"。

《礼记·乐记》记载:"酒食者,所以合欢。"对于酒的合欢作用,早在战国时晏子就说过:"古之饮酒也,足以通气合好而已,故男不群乐以妨事,女不群乐以妨功。"在中国的传统习俗中,举行婚礼必有酒,早在先秦已流行夫妻"共牢而食,合卺而酳"的礼俗,新婚夫妇有喝"合卺"酒或"交杯酒"的习俗,表示相爱相亲。在丧礼中有以酒祭奠亡灵的习俗。酒在人际交往中起到很大作用,它能拉近陌生人之间的距离,使沉默寡言的人倾吐心声,彼此交流感情,增进了解和友谊。

中国的饮食文化是中华民族灿烂文化的重要组成部分,随着中华民族文化的不断丰富发展,中国各民族饮食文化也将会有巨大的发展。中国的饮食文化有利于改善和提高中国人民饮食生活上的物质享受和文化享受的水平和层次,有利于人的全面发展和社会的协调发展。

3.饮食文化在汉语国际推广中的优势

世界各地的文化风俗各不相同,饮食与每个人的生活休戚相关,饮食是最容易引起人们共鸣的话题之一。饮食作为一个特殊的媒介,在全球化中间接推动了旅游业、教育的发展。中国饮食文化作为极具中国特色的文化之一,让世界为之瞩目,遍布世界各地的中餐馆,也无不传播着中国光辉灿烂的饮食文化。从饮食文化着手,可以激发人们了解中国文化的热情和欲望。让汉语学习者了解中国饮食文化,可以帮助他们更好地认识和理解中国文化,进而更好地掌握汉语,运用汉语。

“民以食为天”不仅体现在饮食中,而且体现在生活的方方面面。中国人在日常交际中,与“食”相关的交际无处不在:一日三餐、买菜点餐、中国的节日、祭祀等方面的内容,在一定程度上都由饮食作为重要媒介,只有先了解学习饮食文化,才能进一步认识中国的传统文化。饮食文化有渗透性强的特点,在日常生活中“润物细无声”地将中国文化浸入与根植于汉语学习者的思想之中。在饮食文化传播的同时,还可以达到语言教学的目标,促进他们的听、说、读、写综合技能的训练,使文化教学与语言教学相辅相成。理解中国饮食文化相关汉语,才能更好地理解饮食文化,文化汉语在汉语国际推广中是重要途径之一,汉语教学是展示中华饮食文化的桥梁,也是我们传承中华饮食文化的责任与义务。

在汉语知识教授的过程中,要由浅入深,逐步深入学习中国饮食文化。

首先,要采取循序渐进的原则。先要让学习者“知其然”,随着学习的逐渐深入,再让其“知其所以然”。在饮食文化教学过程中,由点到面、由易到难、由简到繁、由近及远、由浅入深、由具体到抽象地有层次有步骤地教学。我们知道,语言学习是分阶段的,文化教学应该适应学习者的语言水平。比如在初级汉语学习者阶段,由于学习者汉语水平低,我们只能告诉他们在中国餐桌上,哪些行为举止是礼貌的,哪些行为被视为禁忌,包括询问价格、评论食品的味道、与长者一同用餐的就座、点餐礼仪等。当进入中级和高级阶段时,可以教授一些较深层次上的文化知识,因为只有深入了解表象背后蕴含的文化内涵,才能让学习者了解中国饮食文化,在与中国人交流的过程中减少文化冲突,拉近彼此距离,产生文化共鸣,达到交际目的。比如,中国人喜欢用圆桌而不是长方形桌子进餐与中国人崇尚和谐、团圆、热闹的传统有关;中国人在吃饭入座时讲究座次、离席时讲究顺序,是中国人尊卑有序、尊老爱幼的文化传统的体现;中国人用餐时喜欢给客人夹菜,是表达热情的一种特有方式;中国餐桌上不能用筷子敲击餐具发出声响,因为这是乞丐乞讨时发出的动作;按中国的风俗,筷子直插入饭碗是供给死去的人吃的“祭饭”,相当不吉利,如果不懂得这一风俗,可能会引起主人的不悦。

其次,随着学生词汇量不断扩大,语法学习的不断加深,他们的汉语交际能力不断增强,他们对中国文化深入了解的需求也随之加深。这时候,饮食文化教学内容更应该从饮食思想和饮食观念等思维和价值观的角度去展开、引导和分析。比如:在过春节时,中国人特别是北方人习惯吃饺子,不仅因为饺子味道鲜美,而且是有着新旧交替寓意的“饺子”是取“交子”的谐音,有喜庆团圆、吉祥如意的含意。

进而,在饮食词汇教学上继续有所扩展,如有关“吃”的隐喻性表达以及有关饮食的俗语、谚语表达的教学,有必要适当引入饮食思想、饮食文化习俗的讲解,帮助学生理解这类表达。比如:汉语常用吃出的味道比喻人物内心的复杂感受,“酸甜苦辣咸”几种味道引申为人的感受;形容人的境遇或样子比较落魄时用“穷酸、寒酸”;“心酸、辛酸、酸楚”则形容人痛苦难过;“甜”构成的词语多有美和好之意,如“笑得甜、长得甜、嘴甜”;“苦”与“甜”相反,与苦味相联系的多指磨难、挫折、不幸、辛劳,“孤苦、苦闷、苦海”等。这些文化因素的教学均应该在语言教学时,适时、适量地传递给学生,以便学生们更好地理解这些具有鲜明民族特色的语言表达习惯,从而更好地运用汉语来表达自己的思想情感。还可以在此基础上进一步将词汇量进行扩充,如“吃醋”“吃素”“吃苦”“啃老族”等等。

同时介绍学习唐诗《悯农》,诗中表达了农民种植粮食的辛苦历程,告诫世人要珍惜粮食,具有现实意义,又让汉语学习者更深体会了中华文化的魅力。

悯农

李绅(唐)

锄禾日当午,汗滴禾下土。

谁知盘中餐,粒粒皆辛苦。

(三)色彩文化

世界多姿多彩,人们的生活离不开色彩,不同民族的语言表达颜色的词语也不尽相同,各种颜色对于不同民族而言,不只是光谱分类,还有丰富的文化内涵和延伸意义,色彩在视觉和心理上所引发的联想和象征意义也有所不同,尤其是不同的文化背景下色彩背后蕴含的文化含义甚至大相径庭。色彩在中国有它们与其他文化相同的含义,但也有不同于他人的特殊含义,这些含义与中华民族自己的文明和历史相关。人们用色彩这一文化符号来表达自己的喜怒哀乐,并赋予其特殊的意义。中国传统艺术用色的基本准则是赤、青、黄、白、黑五色,它们是色彩的本原之色,是一切色彩的基本元素。

随着我国经济的蓬勃发展,越来越多的人加入了学习汉语的行列。在学汉语时,初学就会遇到各种表示颜色的词。当这些词在表达事物的客观属性时,由于人类对客观事物认识的共性很快就能掌握并运用,但在汉语学习中不仅要学会这些词语,更重要的学会这些字词所表达的含义以及由此衍生出的词汇及文化内涵,进而了解中华文化。

1.红色

红色在中华文化中可以说代表了一切美好、喜庆,是太阳的颜色,是火的颜色,是生命的颜色;红色也是革命、忠勇与正义的象征。原始社会就已经存在红色辟邪、红色吉祥的观念,它源于中华民族对红色的崇拜。随着时代的变迁,中国人崇尚红色的思想并没有改变,而是沉淀在文化传统中,被代代相传。人们会用红色来增添喜庆气氛,比如在春节时家家户户所贴的对联是红色的,正月十五挂的宫灯是红色的。可以说,红色在中国文化中有极其重要的地位。中国人的红色情感是集体意识的具体体现,具有很重要的美学价值和文化人类学价值。红色是我国文化中的基本崇尚色,人们将自己精神和物质上的追求都用红色来表达。它正面的象征意义可以在各种各样的文化、语言现象中得以体现,如婚礼被称为"红喜事",新婚也要穿红嫁衣、贴红喜字;把促成他人美好婚姻的人叫"红娘";把热闹、兴旺叫作"红火";形容繁华、热闹的地方叫"红尘"。

红色在多方面都有延伸,它象征革命和进步,因为红色可联想到战火和鲜血,中国共产党最初的政权叫"红色政权",最早的武装叫"红军",中国共产党的旗子是红的,战士的袖章是红的,建立"红色根据地",组成"红色娘子军"等;政治上要求进步、业务上刻苦钻研的人被称为"又红又专"等。它也象征顺利、成功,如人的境遇很好被称为"走红""红极一时""一炮而红";得到领导或群众的喜爱称为"红人";活动一开始就取得成功称为"开门红";分到合伙经营利润叫"分红",给人馈赠或奖励叫"送红包"等。它还象征美丽、漂亮,如女子盛妆被称为"红妆"或"红袖",漂亮的女子被称为"红颜"等。

汉语里红色也有贬义的用法,如表达嫉妒是"眼红"。

2.白色

在中国文化中,白色是枯竭而无血色、无生命的表现,象征死亡、凶兆,体现了中国人在物质和精神上的摈弃和厌恶。在中国古代的五方说中,西方为白虎,西方是刑天杀神,古代常在秋季处死犯人。白色蕴含的意义在不断的历史演变中没有摆脱其负面的意义特征,其象征失败、愚蠢、无利可得,如在战争中失败的一方总是打着"白旗"表示投降,称智力低下的人为"白痴",把出力而得不到好处或没有效果叫作"白忙""白费力""白干"等;在京剧中"白脸"代表邪恶、阴险。它还象征知识浅薄没有功名,如称平民百姓为"白丁""白衣""白身",把缺乏锻炼、阅历不深的文人称作"白生"等。白色是一个不太吉祥的颜色,自古亲人死后,亲属都要穿白色孝服,所谓"办白事",灵堂陈设全部为白色;上坟时也会献白色菊花。此外,"白色"作为政治词语是"红色"的反义词,白色象征腐朽、反动,如"白区""白色恐怖"等。

但是受西方文化的影响,近代白色也出现了一些褒义词寓意,如用"白衣天使"形容医护人员;同时白色还象征着纯洁,当代人结婚时,大都会穿白色婚纱;用"白富美"形容有钱的美女等。

3.黑色

在中国文化里,黑色具有沉重的神秘之感,是一种庄重而严肃的色调,但它的意义具有两面性。一方面,它象征严肃、正义,如民间传说中的"黑脸"包公,说的是他办案时公正无私,不畏强权;传统京剧中的张飞、李逵等人的角色也使用黑色的脸谱。另一方面,它又由于其本身的黑暗无光给人以阴险、毒辣和恐怖的感觉。它象征邪恶、反动,如指阴险狠毒的人是"黑心肠",不可告人的丑恶内情是"黑幕",反动集团的成员是"黑帮""黑手",把反动势力为进行政治迫害而开列的革命者和进步人士的名单称为"黑名单";它又表示犯罪、违法,如将盗匪称为"走黑道",杀人劫货、干不法勾当的客店称为"黑店",违禁的货物交易叫"黑货""黑市",用贪赃受贿等非法手段得来的钱叫"黑钱"等。其他常见的贬义词有"黑户口"、"黑社会"、"黑货"、"黑车"、"黑钱"、"背黑锅"等。

4.绿色

在中国传统文化中,它代表了褒贬两种对立的意义,既代表侠义,又代表邪恶。一方面给人生命活力的感觉,人类在最开始的时代,借助绿色保护自己,得以生存下来,它是植物生命的颜色,也和环保有关。因此,"绿化"一词便是指植物覆盖率变高,"绿色建材"是指环保的建材,而"绿色食品"意思是无公害的健康的食品。同时,绿色还有行侠仗义的意思,因此把聚集山林、劫富济贫的人称为"绿林好汉"。中国男人非常忌讳戴绿色帽子,原因是其象征妻子有外遇而使丈夫脸上无光,因此汉语用"戴绿帽"来指代妻子的不忠。在古代的有些朝代中,地位低下、卑贱的人在穿着上都有绿色的要求,如汉朝时的仆役着绿,元朝以后凡娼妓都得着绿头巾。

5.黄色

黄色在中国也有着两方面的含义,一个是无限的至尊,一个又充满贬义。黄色与中华民族有着极为密切的关系,中国的始祖称为"黄帝",中华民族的摇篮为"黄河",华夏文化发源于黄河沿岸,那一片地区即"黄土高原",中国人自古以来就自称为"炎黄子孙",有着"黄皮肤"等。

在古代的五方五行说中,中央为土,黄色更代表权势、威严,象征中央政权、国土之义。所以,黄色用来象征皇帝至高无上的权力,是封建皇室的专用的颜色。比如,"黄袍"是皇帝的龙袍;"黄榜"是天子的诏书;"黄马褂"是清朝皇帝钦赐文武重臣的官服。同时,黄色象征神灵,古代人办事会看"黄历",由此选择的好日子被称为"黄道吉日"。另外,佛教中多用黄色,如佛体被称为"金身","金"是寺庙用黄色,僧袍等诸装饰都用黄色。

但是黄色也有不好的意思,如黄色象征色情,在"黄色小说""黄色网站""扫黄"中的"黄"说的就是色情淫秽的意思。

由于秋冬枯黄的植物给人一种垂暮的感觉,所以常用"人老珠黄"形容人到了晚年;"黄脸婆"形容中年女人;同时垂暮的意思还引申为失败,比如说生意失败是"生意黄了"。

表 2-1　色彩含义列表

	褒义	例如	贬义	例如
红	美好、喜庆,是太阳的颜色,火的颜色,生命的颜色	红喜事、红嫁衣、贴红喜字、红娘、红火、走红、红极一时、一炮而红、红人、开门红、分红、送红包、红妆、红袖、红颜	嫉妒	眼红

	褒义	例如	贬义	例如
白	象征纯洁	白衣天使、白富美	象征死亡、凶兆	白旗、白痴、白忙、白费力、白干、白脸、白丁、白衣、白身、白生、办白事、白区、白色恐怖
黑	象征严肃、正义	黑脸包公、黑色的脸谱	象征邪恶、反动	黑心肠、黑幕、黑帮、黑手、黑名单、走黑道、黑店、黑货、黑市、黑钱、黑社会、黑货、黑车、背黑锅
绿	代表侠义、生命活力、环保	绿化、绿色建材、绿色食品、绿林好汉	配偶出轨；地位低下、卑贱	戴绿帽
黄	无限的至尊	黄帝、黄河、黄土高原、炎黄子孙、黄皮肤、黄袍、黄榜、黄马褂、黄历、黄道吉日	象征色情；垂暮	黄色小说、黄色网站、扫黄；人老珠黄、黄脸婆、生意黄了

（四）社交礼俗

社交礼俗是人们在社会发展进程中，代代相传、约定俗成的关于人际交往的礼节、仪式、风尚、习惯等的总和，是人们协调和处理人际关系的行为方式和规范准则的重要组成部分，具有民族性、地域性、历史性、传承性、变异性等特征，它维持着社会秩序安定、保障社会次序的顺利运行。社交礼俗包含的文化形式复杂多样，主要包含社交礼节、称谓、问候语、客套语、祝福语、道歉语，以及中国人表达尊敬和谦逊的独特用语和社交中的交际肢体语。

在不同的国家及地区，在社会发展进程中逐渐形成自己特定的社会制度、生活方式、思维方式、宗教信仰、语言和风俗人情，这些都导致了在不同地区礼仪习俗文化上的差异。因此，在汉语学习中，学习者不但要掌握语音、词汇、语法等，具备相当的听、说、读、写技能，还要理解和掌握中国礼俗文化，尤其是社交礼俗。只有这样，学习者才能灵活、得体和有效地运用汉语表达思想，进行交际。在社会交往中，交流者只有在社交礼仪习俗方面深入了解各民族的差异后,注意正确运用不同的社交辞令,才不致引起交流的冲突。

1.社交礼节

社会礼节,指在人际交往、社会交往和国际交往活动中,为表示对他人的尊重、亲善和友好的行为规范和惯用形式,并由此达到人与人之间关系的和谐。社交礼俗应该遵循互惠原则、平等原则和相容原则。

中国自古以来是礼仪之邦,在古代有着非常繁缛的社交礼俗。但在辛亥革命后,社会上掀起了改良的风潮,中国从上至下移风易俗,几乎改变了原来的社交礼俗。如今中国正处于高速发展的时期,精神文明和物质文明同样受到重视,礼俗是社会文化浓缩的精华,属于一份珍贵的精神文化遗产,它无时无刻不在影响着人们的生活。在中国文化社交中的相关礼仪一般如下:

(1)握手礼

握手礼是在一切交际场合最常使用、适用范围最广泛的见面致意礼节。它有多种含义,如表示致意、亲近、友好、寒暄、道别、祝贺、感谢、慰问等。在迎接客人到来时、当你被介绍与人认识、久别重逢、遇到熟人、拜访告辞、送别客人时、别人向自己祝贺、赠礼时都可以运用握手礼。

(2)鞠躬礼

鞠躬礼是一种人们用来表示对别人的恭敬而普遍使用的致意礼节。一般在庄严肃穆或喜庆欢乐的场合中运用,如下级向上级、学生向老师、晚辈向长辈行鞠躬礼表示敬意;上台演讲、演员谢幕或向宾客表示欢迎和敬意时行鞠躬礼。在鞠躬时戴帽子、吃东西或叼着香烟是不礼貌的。

(3)抱拳礼

抱拳礼又称拱手作揖。抱拳礼是中国人创造的,与握手礼的原始含义基本上是一致的。当然抱拳拱手还有同对方"保持距离"的意义,所以这一礼仪形式在社会意义上具有封闭性的内涵。在今天的武术界、长者之间和一些民族风格浓郁的场合常常使用抱拳礼;有时在春节团拜、宴会、晚会等场合也会使用。

2.称谓语

称谓语指人们在社交活动中因亲属或其他关系而建立起来的称呼、名称。称谓语是语言的一个重要组成部分,是人际交往过程中不可或缺的重要工具,在言语交际环节中起着至关重要的作用。称谓语作为人们在交际过程中传递给对方的第一个信息,是人类社会中特定人际关系和身份角色的表达,可以很好地体现交际双方的身份、职业、地位等,也可以表明交际双方的态度。恰当地使用称谓语既表达了对对方的尊重,又为双方交际的顺畅、融洽提供了保障,能够达到更好的交际效果。对汉语学习者来说,汉语称谓语的学习一直是汉语词汇学习过程中无法回避的难点之一。学习者如想正确掌握汉语称谓语的使用规则,就必须对中国文化有深刻的理解和认识,才可能在交谈过程中拉近彼此的距离,顺利进行交际。人们在进行社交活动时,称谓语是必须具备的词汇类型,正确掌握称谓语,人们才能对他人采用合适的称呼,更好地进行社交活动。称谓语可以分为亲属称谓和社交称谓两种类型。

(1)亲属称谓语

由血缘关系所构成的称谓语,是以本人为轴心确定亲属与本人关系的标志。

汉语的亲属称谓语数量庞大,系统纷繁庞杂,分成两个大的类别:一类是直系亲属称谓语,指有直接血缘关系或婚姻关系的人,如配偶、父母、子女、祖父母、外祖父母、孙子女等;另一类是旁系亲属称谓语,即没有直接血缘关系或婚姻关系,但是在血统支系上或者法律上有关系的人,比如兄弟姐妹、伯父、叔父、伯母、婶母、舅舅、姑妈、姨妈等等。在中国古代民俗文化中直系与旁系、血亲与姻亲、长辈与晚辈、年长与年幼、男性与女性、近亲与远亲的称谓语都严加规范。这主要是因为受到封建宗法以及三纲五常的伦理道德观念的影响,汉语称谓词也具有森严的等级制度。汉语亲属称谓语具有辈分长幼有序、亲疏有别、男女区别明显的特点。

辈分是指在家族、亲友的长幼先后顺序中所居的地位;也指家族、亲友之间的世系次第。一个人一生下来辈分就被确定了,自己别无选择。其言行举止甚至命运都会受到宗族礼法的影响和传统道德的束缚。同宗族之间的辈分必须严格遵守,如称呼必须准确,日常生活中要向长辈请安、敬烟、让座、让路,座次上也十分讲究,不能乱了礼法。辈分主要分为长辈,包括高祖辈、曾祖辈、祖辈、父母辈、平辈和晚辈。

辈分称谓语包括:

高祖辈:有"高祖王父、高门""高祖母、高王祖母"等称谓。

曾祖辈:有"曾祖、曾太公""曾祖母、太婆"等称谓。

祖辈:直系有"祖父、爷爷""祖母、奶奶""外祖父、外公、姥爷""外祖母、外婆、姥姥"等。旁系包括"堂祖父、伯公""叔公""堂祖母、伯祖母""叔祖母"等。

父辈:"父亲、爹、爸爸""母亲、娘、妈妈"等。

与父亲相关的亲属:"伯父、叔父""伯母、叔母、婶婶""姑母、姑妈";"姑父、姑丈"等。

与母亲相关的亲属:"舅舅、舅父""舅母、妗子""姨母、姨妈""姨父"等。

同辈:"兄、哥""嫂嫂""弟、弟媳、弟妹""姐""姐夫""妹""妹夫""表兄弟""堂兄弟""表姐妹"等。

晚辈:"儿子、媳妇""女儿、女婿""姑娘、闺女""孙儿、孙女""外孙、外孙女""侄子、侄女""外甥、外甥女"等。

中西亲属称谓存在巨大的差别,表现为中国复杂,西方简略。汉语里的很多称谓,在西方根本不加区别,因此在中西人际交流中,常常让外国人感到困惑。在西方的亲属称谓中,爷爷奶奶的称呼,与外公、外婆相同;兄弟、姐妹不分长幼;与父母同辈的亲戚,只有两个称呼,男性为"uncle",女性为"aunt",分别代表了伯、叔、姑、舅、姨及其配偶,如果再加上旁系,范围是很大的。平辈的旁系亲属称呼,在英语中"brother"既指哥哥又指弟弟,"sister"既指姐姐也指妹妹,在汉语里有堂(表)兄弟、堂(表)姐妹等 8 个专门称谓语,而英语就只用一个"cousin"笼统称之,不仅长幼,甚至连性别也不加区分。在西方对于姐夫、妹夫、嫂子、大姑子、小叔子等姻亲称谓,就必须添加必要的定语,在称谓上加必要的后缀 in-law(意为:法律意义上的),如"大伯子"是"elder brother-in-law";"小姑子"则是"younger sister-in-law"。汉语中还常常明示长幼顺序,如"大哥""二姐"等,对西方人来说,这是不可思议的。在中国只能长辈呼晚辈或同辈中年龄幼者的名字,而西方人晚辈也可称呼长辈、平辈的名字。

(2)社交称谓

社交称谓是指除去亲属称谓以外的,反映人们在社会生活中相互关系的称谓习俗。社交称谓又分为非亲属称谓和语境称谓。社交称谓语分成以下六类:职衔称谓、姓名称谓、关系称谓、通称称谓、拟亲属称谓、身份称谓。

①职衔称谓:与被称呼者的职业或头衔有关,通常是在工作或学习场合中使用。又可以分为职业称谓和头衔称谓两类。职业称谓以从事职业名称作为称谓语,如"老师、医生、律师"等;头衔称谓是包含被称呼者已获得的官衔、头衔、学衔、军衔等的称谓,如"部长、经理、校长、团长"等。

②姓名称谓:指带有被称呼者姓名的一类称谓语,可以用完整的姓名称呼,单独用名字称呼,或在姓氏及名字前加"老、小、大"等称呼,如"老李、小张"等。

③关系称谓:表示交际双方相互关系的称谓,如"老乡、战友、朋友"等。

④通称称谓:没有严格的身份、职业等范围界定的一类人,如"先生"可以通称男性,"大师"可以通称在学问或艺术上有很深造诣的人等,现在"帅哥、美

女"则比较流行。

　　⑤拟亲属称谓:中国人有着社会就是放大的家庭的潜意识,因此希望以这种用亲属称谓语去称呼陌生人的方式来表现一种礼貌、尊重和友好,是有意识地去拉近彼此的关系,这被称为拟亲属称谓,是外国人学汉语的难点之一。拟亲属称谓是指把亲属称谓推及无亲属关系的人身上的称谓方式,在日常交往中很常见,如"张姨""李叔""大爷""大妈"或称某些职业人员为"警察叔叔""售货员阿姨"等。而在英美等西方国家,对不太熟悉的人,常常称呼"先生""小姐""夫人"。在英语中人们不太喜欢被当作老人,用"grandpa、grandma"来称呼他人,会让别人感到不受尊重。中国的这种拟亲属称谓,对于外国人来说,是很难理解的,在他们的潜意识中,如果不能准确掌握对话人的身份、职业,那么通常以先生、女士称谓即可。

　　随着社会的发展,汉语称谓语的词义也在不断变化中,其随着社会的发展而不断演变,比如"小姐"原是对年轻女性的称谓,现在有着贬义的意思,所以这个称谓今天要慎用。

　　中国的称谓既多又杂,要让外国人了解其文化内涵,接受这种亲属称谓语的方式,才能学习到更地道的汉语,才会更好地使用汉语去和中国人交流。

　　生活中,我们问及他人的年龄、姓名都要注意礼貌用语,询问姓名时会说"您贵姓",相应地回答时会说"免贵"。这些社交礼俗都需要汉语学习者在日常交际时格外关注。

3.问候语

　　问候语又叫见面语、招呼语,是人们生活中常用的交际口语,起到拉近人与人之间的距离的作用。世界上不同国家、地区都有招呼语,但其语言形式和使用规则不尽相同。中国人在相识的朋友见面打招呼时,除了"你好"以外,最常见的还有"吃了没有?"。其实,这只是一种招呼语,并非真的关心是否吃饭的问题。因为中国人一直受到"民以食为天"的影响,很关心吃饭问题,因此"吃了没有"才成了人们相见时相互关心的问候语。另外,"你去哪儿?""你在干吗?"等,都是问候的意思,并不是真的想知道受话人到底去哪、去干吗,而只是表达一种关心,传达一种友好的态度。

4.谦逊语

　　谦逊语是中国人在交际中常用较为客气的语言,把自己放低身份的用词。比如中国人请客时,虽然已经有丰盛的菜饭,但也会说谦逊几句"没有什么好菜,别见笑,随便吃点……"。这种客套中国人觉得十分得体,但许多外国人却不知道这是表示客气,并非有其他意思。汉语中面对别人的表扬,总是会说"惭愧""不敢当""哪里、哪里""您高见"等谦逊语,外国人应特别注意。

5.道歉语

道歉语是为做错的事情而表示歉意时使用的语言。汉语中常用的道歉语有"对不起"、"很抱歉"、"十分抱歉"、"真是过意不去"等等。对于别人道歉的回答最常用的就是"没关系"、"不要紧"、"没事没事"等。为了表示诚心地原谅对方,还有更高一级的回答,比如"您快别这么说,您这么说我就不好意思了"、"过去的事了,不用提了"。

在中国文化中等级观念较强,有着"长幼有序"的礼貌原则,因此时常会出现长辈一般不会给晚辈道歉,上级一般不会给下级道歉,即使长辈犯了错误也可以不道歉的情况。

6.感谢语

感谢语是表达对他人给予的帮助感激的话语,有利于加强人际关系。

直接感谢语在汉语里是指使用具有标志性的感谢词语,比如"非常感谢"、"谢谢你"等,感谢之意能够明确地从这些词中直接表达出来。在中国亲戚朋友之中,关系越近,使用直接感谢语反而越少,会让人有见外的感觉,会使对方感到非常不自然。

间接感谢语的中文形式多变,内蕴丰富,使用空间极广。根据表达感谢的内容差别,间接感谢语有:

①称赞式感谢语,如"你真是个好人,太感谢你了"。

②歉疚式感谢语,如"真不好意思,麻烦你了"、"让你受累了"、"对不起,占用你这么长时间"、"非常抱歉,打扰了"、"辛苦您啦"。

③回报式感谢语,如"只要我能帮上忙,我一定竭尽全力"。

④关切式感谢语,如"辛苦了"、"别干了,休息休息",一种怜惜之情通过语言表达出来,所以这种感谢语也是非常真诚的,带给对方以亲切感,使彼此之间的距离被拉近了。

7.告别语

告别语属于谈话的结束语,其功能之一是巩固交谈双方的社会关系。汉语里常见的告别语就是"再见""走好""慢走""我走了""明天见""拜拜"等,此外汉语中的告别语还经常从对方的角度考虑,比如"你忙吧,我就不打扰了""你累了,我先告辞了"等等,从对方的角度出发,考虑对方的感受,表达对对方的关心。

面对客人的告别,主人有时会选择挽留"再玩会儿吧""时间还早,再坐会儿",其实这也是出于一种礼貌,表达主人的热情。此外回答还有"慢走""不送""一路顺风""常来玩啊""路上小心点儿"等等,表达出主人的以礼相待和对客人无微不至的关心。

8.委婉语

委婉语是为避免直接提及使人不愉快或难堪的事情时使用的语言。其作用一是代替禁忌语,比如中国人对"死亡"的话题很敏感,如果称对方某位亲人"死了"是不礼貌的表达,而替换成"去世""逝世""离世""走了""归西""撒手西去"等就更为得体;二是遮盖涉性话题,比如中国受封建思想影响,至今在谈及两性关系时都不是那么直接,经常用"同房"这样的委婉语表达。

总之,中国社会强调等级制度、集体主义,在社交礼俗中推崇关心集体、乐于助人、集体合作、人际和谐,谦逊自然成为维护人们之间和睦关系的基础,因此"谦卑""贬己尊人"是中国式礼貌的一大特点。

(五)禁忌文化

禁忌文化是指在特定的文化背景下,不同民族风俗不同文化所忌讳的语言、行动和事物。禁忌是世界各民族共有的文化现象,因民族、社会、文化、地区、地方、情景、场合等因素,禁忌的形式和内容各不相同。禁忌几乎无处不在,从日常生活中的衣食住行、社会交往到政治、外交、文化等活动都有禁忌的身影。禁忌作为一种文化心态与生活经验的积淀,往往会在一个地区或一个民族的范围内口耳相传,代代相承,以至相沿成俗。了解不同地区或民族的禁忌文化,才能在交往中有效地克服因文化冲突带来的困扰,顺利地进行经济文化交流。

中国的禁忌文化是一种原始而古老的现象,更多是流传于民间被约定俗成的,具有中国文化的内涵,是中华文化组成的一个部分。禁忌作为一种文化,是语言交流中必不可少的内容之一,禁忌现象作为一个文化习俗传承已久,如果在交流过程中不了解他国的禁忌文化必然会影响到交际的顺利进行。如果不知道禁忌,可能在交往中会引起极大的误会,比如不要轻易询问英国人的宗教信仰;在当今的中国不要称呼女孩为"小姐"等。禁忌文化是汉语国际推广的教学内容之一,在语言学习和交际能力培养方面起着极为重要的作用。在汉语推广中,禁忌文化的学习也是重要的一部分,它直接关系着对中国的了解,关系着与中国进行跨文化交际是否能够顺利进行。在汉语学习中了解及掌握禁忌文化,有利于深层次了解中华文化,也能促进中国文化的传播。在汉语国际推广的教学中,施教对象往往是有不同文化背景、不同教育背景的学习者,不同民族习惯和宗教信仰形成了不同的思维方式和语言交际习惯。这些都给汉语教学造成很大的影响,甚至带来很多的障碍。因此,在教学过程中,要足够重视文化差异带来的影响,尊重各国的文化习俗,提高学生学习的热情。

　　汉语推广中禁忌文化学习的重要性在于,禁忌文化是中国文化的一个分支,也是包含在整个中国文化教学内容里的。同时汉语推广最终目的并不是让学习者单纯学习语言知识,而是培养学生在跨文化交际过程中树立跨文化意识,敏锐识别文化差异和预防文化休克的能力,了解中国人的价值观及思维模式。

　　中国历史悠久,地域广阔,民族众多,因此禁忌文化内容非常丰富,不同地域和民族都有着各自的禁忌文化,对于汉语学习者来说,要全部掌握这些文化是不可能的,也没有必要,因此只挑选一些较有代表性的内容进行介绍。在语言交流的招呼、称呼、询问、谦虚礼让、嘱咐等方面有诸多禁忌,前面已经论及,这里不再赘述。

　　1.人名人称的禁忌

　　人的名字只是一种供呼唤和书写用的符号,但从古到今都是中国最重要、最普遍的忌讳。

　　第一,忌直接称父母亲及祖辈等尊长的名字。在中国习俗中,只有尊长才能直呼晚辈的名字。而且小孩的乳名只许父母及长辈叫,晚辈不许叫长辈的乳名。

　　第二,忌取名字不吉利。由于趋吉避凶的心理,中国人非常忌讳用穷、贱、丑、败这类坏字眼起名字。但是民间也有认为贱名好养的缘故,故意用如阿猫、阿狗、虎子等名。

　　第三,忌触犯国忌。在中国古代,帝王的地位是非常尊贵的,为了表示帝王的绝对权威,凡遇帝王的名字时,不能直说直写,这是避国讳。"国讳"要避的主要是皇帝本人的名讳,还有皇帝的字,皇后及皇帝的父祖的名讳;以至于连皇帝前代的年号、帝后的谥号、皇帝的陵名以及皇帝的生肖和姓氏,也都要避讳。避国讳有下列方法：

①改字法：它是在口语中不正呼的方法来避讳。如秦始皇嬴政，为避"政"字，改"正月"为端月。再如，避唐太宗李世民讳，"世"改为"代"。

②缺笔法：它是对所避字的最后一笔不写。如康熙帝名玄烨，为避讳，写"玄"字时少一点。

第四，忌触犯家讳。这是一种晚辈对长辈表示尊敬的做法，凡遇祖先和长辈的名字，全家共避之，这叫避家讳。而避家讳也和避国讳一样用改字法和缺笔法。

2.送礼的禁忌

古语说"礼尚往来"，中国是一个很注重礼节的国家，在人际交往中必然会涉及送礼礼节。但是由于文化习俗、民族心理、宗教信仰不同，中国在送礼礼节方面存在着很多禁忌。客人来访时，多半情况下要带见面礼，否则会被认为不懂礼节，没有教养或是太小气被人看不起。同时，主人也应该回赠客人礼物，但禁忌将原物送还，只有在拒绝收受对方馈赠时才如此办理。在馈赠时，忌送手巾，因为古代时办丧事后会送手巾给吊丧者，用意在于让吊丧者与死者断绝往来，就是俗话说的"送巾，断根"；忌送人剪刀，因为剪刀会有"一刀两断"的不吉之意；忌送人雨伞，"伞"与"散"谐音，恐引起对方的误解；忌送钟，因为"钟"与"终"谐音；忌送菊花，因为菊花常用于纪念逝者；忌送绿色的帽子，因为戴绿帽子表示配偶的不忠，有侮辱人格的意思；忌送扇子，因为只用于夏天，一到秋凉天即被抛之不用，有绝情之意，俗称"送扇无相见"；忌送鞋，因为"鞋"与"邪"同音，而且鞋被踩在脚下，所以除了自己家人，一般不要给别人送鞋；忌送梨，因为"梨"与"离"谐音，特别是对夫妻、恋人更不适合；忌送镜子，因为"镜子"与"禁子"谐音，且镜子易破易碎，所以也属于送礼的忌讳之物。

3.数字禁忌

在日常生活的语言交际中，数字是人们经常用到的文字，各地区、民族在对数字的运用过程中，会出现一些神秘事件与数字产生巧合的现象，因而也就把数字神秘化。在中国人的观念里，对数字的认知就有了善恶之别、吉凶之分。认为一些数字代表吉祥、一些数字使人倒霉，所以在针对某些具体的事情上，产生了数字禁忌。如：忌"1"，因为"1"是个单数，在送礼时一般忌讳单数，尤其是送结婚、庆寿的礼品时，单数不吉利，这与中国人渴望"好事成双"的希望有关。有些地方忌"3"，因为与"散"谐音。忌"4"，因"4"与"死"谐音，所以几乎所有中国人都对这个字讳莫如深,所以门牌号、车牌号、电话号码都不宜有这个数字。在民间包红包要避免送四百元,如要送 400 元,也要多加 20 元,合计 420 元,如不这样处理时,收受者因"4"的忌讳,误会的话还要怀疑赠者心存恶意,使其关系恶化。由于忌讳"4",所以连带 4 的数字也都会被联想到不吉利的事情,比如说 14 就是"要死",54 就是"我死",74 就是"气死"等,甚至有些高层建筑内电梯碰到 4 要么跳过,要么用 0 来代替。有些地方不喜欢"7",因为"7"与"去"为谐音,还与办丧事有关,像七七四十九天,人死后的头七、二七、三七等。另外,"七"在广东话中和"出"是同音的,意味钱财的流出,有散财之意。

相对应于数字禁忌,在中国,数字"6""8""9"是吉利的,6 表示是顺,"六六大顺";8 与"发"谐音,有发财的意义;9 与"久"谐音,代表长长久久,也代表吉利,中国人办喜事,选车牌号码都愿意和这些数字相关。

4.颜色禁忌

在汉语中,表示各种颜色的词汇很丰富,在学习中不仅要理解这些词本身的含义,还要注意其象征意义,因为颜色的象征意义在不同民族语言中往往有不同的特点,这些特点经过引申、转义以后构成了对颜色的崇尚和禁忌。中国人喜欢红色,而白色在中国文化中最初是一个禁忌词汇,表示"无血色、无生命"等,从古到今,中国人办丧事多用白色,因此这是一种不吉利的颜色;白色还引申有"阴险"之意,在戏剧脸谱中,白色脸谱意为奸诈多疑;"白色"还意味着"什么都不知道",引申词语"白白浪费、白忙活、白痴"等来比喻失望或者不满意;另外,"举白旗"象征失败投降之意。如今,随着国际交流间的日益频繁,文化交叉现象也融合起来,西方文化中"白色"的纯洁之意也逐渐被中国人接受,今天的年轻人在结婚时也喜欢穿白色的婚纱。另外,黑色也大多用于悲伤沉痛的场合,因此对黑色也有一些禁忌;对绿色的禁忌主要表现为戴绿帽子,因为这是用来指妻子背叛丈夫出轨的行为,所以在中国忌男人戴绿帽子,也忌讳说这个词。

5."死"字的禁忌

在中国人的所有禁忌中,对"死"的禁忌最为强烈。中国人认为死亡是最令人恐惧的,因而人们害怕听说或接触与死亡有关的事情。由于人们认为死者能够危害或保护活人,因而人们对死人也就有了许多避忌。中国害怕死亡甚至超过害怕鬼神,所以"死"这个字是绝对不能提的。如果不得不谈到死亡,会尽量用委婉的词语来替代"死亡"一词,如"逝世、牺牲、去世、凋落、作古、丧生、归天、去世、升天、仙逝、走了"等,就连"四""十"等字音也要避忌。平常与死亡、丧葬相关的事,也忌讳提及一些词语,以免引起不好的联想,如民间忌讳说"棺材",要说"寿材""寿器"等。

与"死"相关的事物,在人们的思维中也被"传染"上了禁忌色彩,比如忌讳把筷子插在饭中,因为这是死人上香时才会做。忌讳用红笔写人名,因为古时候迷信说是阎王要抓人下地狱时在生死簿上写的字就是用红笔写的,所以用红笔写人名就是诅咒人下地狱。

6."性"的语言禁忌

中国儒家思想传统认为"男女授受不亲",因此将异性间的触摸视为禁忌。儒家学派把"含蓄"和"节制"视为高尚的品格,因此在中国传统文化中,对性的表达非常委婉,如"房事""合房""行房""不清白""发生关系""有喜了""有身子""例假""个人问题"等。"性生活"这样的说法近几年来才开始出现。

总之,中国民俗文化内容深厚,不仅有汉族的民俗习惯,而且还有少数民族的风俗特色,在汉语学习中加入民俗文化的学习,让汉语学习者全面、深刻地理解中国人习惯的语言表达和行为习惯,才能使他们能够进行深层次的交流和沟通。民俗文化本身具有及其丰富多彩的文化韵味和潜在的文化价值,通过对民俗本身极其字面外的寓意探究,能激发学生学习汉语的兴趣,有助于学生了解中国内在的文化修养和中国的全貌。对国家来说,有利于增强中国文化的传播,提高国家文化竞争力。

第五章 中医药文化与汉语国际推广

中国传统文化代表着中华民族最本质的精神追求,是当今中国文化软实力的主要源头。中医药文化是在中华传统文化的肥沃土壤中成长起来的,是中国传统文化的科学化和医学化的成果,中医作为中国的原创医学,是中国传统文化中最珍贵的遗产之一。中医药文化包括有关中医的思维方式、传统习俗、行为规范、生活方式、文学艺术,甚至一些影响深远的事件等。中医药文化建立在中国传统文化和哲学的基础上,汲取了儒释道的精髓,成为中华民族传统文化的代表。主要思想包括:天人合一的世界观,阴阳平衡的价值观,形神一体的整体观,辨证施治的方法论等。习近平总书记指出,中医药学是"祖先留给我们的宝贵财富",是"中华民族的瑰宝",是"打开中华文明宝库的钥匙","凝聚着深邃的哲学智慧和中华民族几千年的健康养生理念及其实践经验"。面对"一带一路"的发展需要及中医走出国门的迫切需求,汉语国际推广应该承担起对外宣传、推广中医文化的作用。

一、中医药文化概述

(一)中医文化发展史

中医药是中国传统文化的一个重要组成部分,其价值观体系、道德情感、宗教信仰、思维方式以及发展进程,与中国传统文化一脉相连、难分难解、息息相关。中华中医传统文化体现的是中医药中精神文明部分和物质文明部分的精华与特点的综合。中医药学之所以能构建出自己的文化背景和知识基础,是因为其融合了传统文化中以阴阳五行学说为代表的哲学思想、以儒学思想为指导的医学道德、以《周易》为代表的天文学、以道家及道教论说为基石的养生学以及气象学、生物学等其他基础学科。

从原始社会的自然和祖先崇拜,到奴隶社会的"鬼神论"和"天命观",以及春秋时期的"道""气"学说和"阴阳五行"说成为建构中医学理论的基石。古代许多典籍载有中医自然哲学理论,如《管子》中的"精气论";《尚书·洪范》及《周易》中"五行"说;《易经·系辞上》《国语·越语二》中"阴阳"说。《史记》中记载了扁鹊论及五脏、血脉等理念,为《内经》中确立以脏腑经络气血为核心的中医理论体系奠定了基础。自西周以来,《尚书》《周易》《诗经》等典籍中对昏迷、水肿、不孕等病情就已有初步的认识;《山海经》中还将病情的发病特点整合归纳并命名为狂、风、疟、痹等病名。

春秋时期老子创立的道家重视人和,无为而治,崇尚静柔等思想,成了中医学中养阴学派的思想基础和核心观点。战国后期以邹衍为代表的阴阳五行说及"五德终始论"渗透至医学领域。

汉代以董仲舒为代表的唯心主义的天命论、王充的唯物主义思想以及道教的形成等均对中医学产生重要影响。东汉时期的《神农本草经》是现在发现的最早本草著作,全书共三卷,收载药物包括动、植、矿三类,共 365 种,可说是东汉以前我国药物知识的总结,并为以后的药学发展奠定了基础。

南北朝时期,梁代陶弘景(公元 452～536 年)将《神农本草经》整理补充,著成《本草经集注》一书,其中增加了汉魏以来名医所用药物 365 种,称为《名医别录》,大大丰富了《神农本草经》的内容。

唐代时期,由于生产力的发展以及对外交通日益频繁,外国药物陆续输入,药物品种日见增加。李勣等人主持增修陶氏所注本草经,称为《唐本草》。后被苏敬等重加修正,增药 114 种,称为《新修本草》或《唐新本草》,可算是我国也是世界上最早的一部药典。这部本草载药 844 种,并附有药物图谱,开创了我国本草著作图文对照的先例,对世界医药的发展做出了重要贡献。

宋金元时期理学崛起,对中医学的发展有显著影响,医理因学术上提出的新观点与新主张而有了长足的发展,产生不同的中医学术流派,开创了中医学发展的新局面,史称"新学肇兴"。儒家、道家、佛教的相互融合后,程朱理学、"经世致用"以及"实学"等思想渗透于中医学,并对中医诊疗模式、医者医德、思维方式等方面产生深远影响。

明代时期,受理学影响,明代儒医将"格物穷理"加以发挥运用,在观念上是最接近西学方法的一座桥梁。中医学理论还吸收了理学中太极、先天、后天等思想,为之后的命门学说的形成及先后天根本论提供重要的理论基础。明代的伟大医药学家李时珍在《证类本草》的基础上,进行彻底的修订,编成了符合时代发展需要的本草巨著——《本草纲目》,此书载药 1892 种,附方 11000多个。李时珍在这部书中全面整理和总结了 16 世纪以前我国人民的药物知识,并做了很大发展。《本草纲目》是我国本草史上最伟大的著作,也是我国科学史中极其辉煌的成就。

清代时期,吴有性《瘟疫论》中的"戾气"学说,是 17 世纪在传染病病因学和流行病学上的卓越创见,对瘟病学说的创立产生了很大影响。

中华民国时期,在西方科技文化大量涌入的情况下,出现了中西药并存的局面。与此相应,社会和医药界对传统的中国医药逐渐有了"中医""中药"之称,对现代西方医药也因此逐渐称为"西医""西药"。但由于国民党政府采取废止中医的政策,阻碍了中医药行业的发展,因而引发了中医药界的普遍抗争。

中华人民共和国成立以后,中国共产党和中国人民政府对中医药事业高度重视,制定了以团结中西医和继承中医药学为核心的中医政策,并采取了一系列有力措施发展中医药事业。1950 年 8 月,第一届全国卫生会议召开,"面向工农兵""预防为主""团结中西医"成为卫生工作的三大原则,奠定了我国卫生工作的基础。随着现代自然科学和中国经济、文化、教育事业的迅速发展,中药学也因此取得了长足进步。从 1954 年起,国家有计划地整理、出版了一批重要的本草古籍,计有《本经》《新修本草》《证类本草》《纲目》等数十种。60 年代以来又辑复了《吴普本草》《别录》《新修本草》《本草拾遗》等十余种,对研究和保存古本草文献有重大意义。从 1956 年始建北京中医药大学开始,各类中医院校陆续建立,并呈现出多种形式的发展,各地的中医药大学都有自己的特色。目前我国已经建立独具特色的中医药人才培养体系,基本形成院校教育、毕业后教育、继续教育有机衔接,师承教育贯穿始终的中医药人才培养体系,为中医药的现代化发展奠定了坚实的基础。因为有了优质教育作为基础,所以涌现出许多卓越的中医药人。2015 年 10 月,中国中医研究院终身研究员兼首席研究员屠呦呦因为发现青蒿素,成为首获科学类诺贝尔奖的中国人,被誉为中医药发展的里程碑,中医药走向世界之路更加平坦了。

经过多年的努力,现代化的中医药行业在健康中国的事业中发挥出重要作用,如发生在 2003 年的"非典"和 2020 年以来的新冠疫情,中西医结合治疗方式就取得了非常良好的疗效,并受到了世卫组织的高度肯定。中医在治愈甲型 H1N1 流感时,尤其有卓越的疗效;同时中医药在防治乙脑、流脑、手足口病和人感染 H7N9 禽流感等传染病方面都取得了不菲的成绩;在新冠疫情的治疗中,多种中医治疗手段被采用,中西医治疗被证实对轻症疗效很好,尤其是中药"连花清瘟"的治疗效果不仅得到中国而且得到世界上多个国家的肯定。

2016 年 12 月 25 日,十二届全国人大常委会第二十五次会议审议通过了

《中华人民共和国中医药法》，这是中医药发展史上具有里程碑意义的大事，将产生深远的国内国际影响。2016 年 12 月，我国发布首部中医药发展白皮书《中国的中医药》，并同时翻译成七种语言发表。同时，每年一届的中国国际中医药大健康博览会（简称"中医药康博会"）由"世界中医药学会联合会"主办，致力打造全球中医药及大健康领域内高水平、专业化、具有权威性的行业盛会。2017 年 10 月，习近平总书记在党的十九大报告中明确指出："坚持中西医并重，传承发展中医药事业。"各级政府、各类中医药学术组织、全国中医药院校、各类药企从专业层面、教育层面和商业运作层面，为中医药文化的传播贡献了各自的力量。中医药数字博物馆等新媒体技术的应用，拓宽了中医药文化传播的渠道，提升了中医药文化传播的速度和效率。

如今中药产业也在快速发展，并逐渐成为国民经济与社会发展中具有独特优势和广阔市场前景的战略性产业。中药产业已经从丸、散、膏、丹等传统剂型，逐渐发展为现代工艺的滴丸、片剂、膜剂、胶囊等 40 多种剂型。中药产品生产工艺水平得到了极大的提高，并逐步迈向国际水平，基本建立了以药材生产为基础、工业为主体、商业为纽带的现代中药产业体系。

（二）中医药文化的内涵

中医药文化是中华民族五千多年文化中重要的一分子，中国传统文化是中医药文化的根与源，作为中国文化瑰宝的中医药文化，是与中国文化一脉相通的。不了解中国传统文化当然无法理解和掌握中医药，没有中华传统文化当然也就没有中医药，因此，如果中国传统文化不发展的话，中医药也就不能往前发展。中医学文化对人类的生存繁衍与生命健康保健一直起着至关重要的作用，它以独特完整的理论体系和卓越的诊疗效果，在世界传统医学中一枝独秀。中医药深深扎根在中华传统文化里，中医药文化中也蕴含了丰富的传统文化观念，这些潜藏在我们生活中的有关中医药的传统文化思想值得我们去挖掘与探究。

1.中和之道的医学理念

中医强调的修身养性观汲取了传统文化中的思想观念，中医的"中"字不仅对应"中国""中华"的"中"，更重要的是应和了孔子《中庸》所论"致中和"思想。《中庸》指出喜怒哀乐的情感还没有产生的时候，心是平静的，不偏不倚的，称之为"中"；如果感情的产生都能在可把控的范围内，没有过分偏激则称之为"和"。又说当达到了"中和"的程度，天地便回到自己原有的位置，此时万物开始复苏。而"中病即止"也是中医药中的疾病治疗原则,意为对于药性猛烈的药物而言,病情大致好转的时候,就要停止用药,或改用别的药进行调理,这是儒家学派的理论思想。中华民族主张"和为贵"的文化思想,其所诠释的就是:万事万物以礼相待,以和谐为重;任何事不激不厉,不偏不袒,才能进能退,行云流水,这种精神就是中庸之道。因此,当这种传统文化理念投射到中医药行业上,在中医药临床实践中体现出的驾轻就熟、灵活多变的特征就与中医药追求的人体自身的和谐以及人与自然和人与社会的和谐息息相关。所以,中医都与"和为贵"以及中庸之道一脉相连,不只体现在医学理论中,中医药实践中也印证了这一事实。

2.以人为本的治疗观

中医提倡"医者父母心",人是医学的出发点和落脚点,医学研究的内容和研究医学的意义都是为了人本身,中医学把握健康和疾病擅长从人的高度、从整体、从宏观来分析,这体现了传统的人文主义精神。从《黄帝内经》中提出"天地变化中,人是最宝贵的"。"以人为本"的传统成为中医药几千年来的价值源泉。"药王"孙思邈在其《千金要方》中有云:人命是非常重要的,比千金还要贵重;如果尽全力去救治的话,那比千金还要重要。同样意在以人为中心,医学的出发点和落脚点也应当是人,强调维护和保障病人的生命和健康是医生的神圣职责。中医诊疗中的望、闻、问、切四种诊法,收集人体的外在信息,通过综合、分析、判断人体的整体状态(症候),确定相应的治疗原则和方法。这种辩证的疾病治疗方法在理论与实践上都充分体现了以人本身为核心的个体化疾病治疗方法,又能够有效地实现早发现、早干预、早治疗的医学目标。中医药中多样的诊疗手段和方法,如中医药、针灸、按摩等,注重从人整个身体去调节生理功能,激发人体的抗病能力和疾病康复能力。中医中涉及的元气论、系统论、有机论、矛盾理论,都是以人本身的临床表现去接触和研究,寻求最佳的调理方法和途径。

3."天人合一"的整体观

"天人合一"思想观念的发展反映了古人对于世界的存在的深入反思,是一种自我认识不断深化的过程,体现了一种朴素的关于世界的思考及方法论。中医十分重视生命,并将人的整个机体放在自然与社会之间,用联系的观点来思考问题,这体现出中医药"天人合一"思想观。中医以"阴阳五行""脏腑经络"等观念为框架,构建了一套庞大的病理诊疗体系,并应用于实践。多年的

经验证明了中医理论是一门有着"天人合一"整体观念的理论与实践相结合的
科学。针灸和推拿是中医药的治疗手段之一，这是基于"经络学"产生的，而经
络学的背后就体现了"天人合一"的整体思想观点。天地是一个大宇宙，有着
天干地支的十二分支，因此中医认为人体相对于天地，就是一个小宇宙，人的
身上也有十二经络，这个经络系统与天干地支系统相连。针灸治疗的目的就
是让人与天地之间的气相互贯通，以调整人体的天地之气。由于中医认为人
是一个整体，因此中医治疗也是整体的，并非如西医一般"哪里痛医哪里"，而
是整体调理。不同于西医的"眼疼医眼、脚痛治脚"，受"天人合一"这一哲学思
想观念的影响，中医的诊疗是将人的整个机体纳入思考体系，所以会出现"眼
疼治肝"的现象。在中医的理论体系中"肝开窍于目"，如果眼睛酸涩疼痛那就
表明肝阴血不足。"天人合一"的整体思想观治疗方式还表现在，把人的疾病
与季节变化进行综合考虑，如中医常用的"冬病夏治"。《黄帝内经》中的《素问
·四气调神大论》中就有提及"长夏胜冬"的论断，这便是冬病夏治的雏形。在
"天人合一"的哲学思想观念指导下，中医认为，在夏季三伏天这一年中最热的
时段，也是阳气最盛的时候，肺腑气血都是十分畅通的，而在这个条件的推动
下，人们可以进行祛除寒邪、调蓄阳气、提高自身免疫力等活动，从而更好地治
疗虚寒性疾病。

　　中医在药材种植以及选用上也体现了"天人合一"的思想观点。就如《庄
子·物论》中所说，"天地与我并生，万物与我为一"，只有顺应自然，才能让人
的发展与自然、环境的发展融合为一，才能更好地达到目的。因此，在种植中
药材的时候，只有真正做到了"天时、地利、人和"才能获得更好的经济效益，所
以应综合考虑自然、市场、技术以及加工因素。就以自然因素为例，种植中药
材时要因地制宜、因时制宜，要将当地的土壤、气候、海拔、种植时间等多种因
素都纳入考虑范围。例如，云南适合种植三七，长白山适合种植人参，西藏适
合种植藏红花。

4.阴阳五行学说的调和观

　　阴阳五行学说是中医诊病的基本理论。中医学在诊断疾病时，辨别阴阳
是基础、是总纲，也是首选方法。
　　《黄帝内经》中提到，阴阳是宇宙中运动发展的普遍规律，是万事万物的总
纲领，是万物变化的源头，是生死转化的动力。有很大的道理在其中显现。只
要是治疗疾病，都必须探求并得知病情变化的根本。也就是说无论是自然界，
还是人，都必须以阴阳为根本。阴阳的最初释义是阳光的向背，面向太阳的是

阳,背向太阳的是阴,后来扩充为气温高低、上下方或左右方、物质的表里、动和静等。

中国古代哲学家普遍认为,自然界中的每一事物或现象都有着相互对立又相互反映的关系,解释自然界两种排斥或互相增减的物质力量时,"阴阳"这个概念是他们最常使用的,他们认为"阴阳"也是人精神、意识活动产生的场所。五行学说认为,心归属于火,肺归属于金,脾归属于土,肝归属于木,肾归属于水。古代哲学家借此解说人体五脏六腑的生理功能和交互关系,以及人与自然界之间的复杂的关系。以五行为中心的人体构造系统是将五行与人体器官相联系,又与天干相配合。在人的整个生命过程中,五脏之间是相互依赖、相互制衡的,以此共同维护人体内部环境的稳定状态。而在辨别人体疾病机制时,中医往往将人体内多种因素结合起来思考。因此,中医认为阳性疾病的病症表现为急性的并且是进行性的,时常伴有发烧等;慢性疾病则表现为慢性的并且是退行性的,常伴有虚寒。病症显现在身体表面的疾病,属阳病的范畴;症状产生于身体内部的疾病,属阴病的范畴。

在中医概念里,人的健康状态是阴阳处于动态和谐的平衡状态;人的疾病状态是阴与阳失去平衡的状态;人的死亡状态则是阴与阳分离。中医药学家以之用以说明人体的生理结构、组织功能及病理变化,并用于疾病的诊断和治疗。在用药方面也体现了阴阳五行的观念,药材与药材之间有着相生相克的关系。例如,在服用山参等药材时不应该同时食用胡萝卜,在吃清热去火的药剂时应避免服用朝天椒等容易上火的食物;另外,在四川居住的人应该避免食用黄芪、麻黄根等止汗的药。

5.调和致中的医学养生观

在中医药发展过程中,道家的修炼,包括在养生中防病、在生活中治病,气功、炼丹、方术等起到了推动和丰富的作用。老子以"道"阐释宇宙间一切事物的变化,认为"道生一";一也就是"道",是一切事物化生前的原本物质;任何物质都具有阴阳两个方面,即"一生二";事物的阴阳两个方面相互反应产生第三者,即"二生三",而后"三生万物"。老子还提出生命是秉承着天地之气而产生的,也就是"天人合一"为主要思想的整体观。

中药方剂中的"太一流金散""阴毒甘草汤"等,就是受到道家哲学思想的影响。"太一流金散"是治疗头痛、伤寒的一类药物。太一也称太乙,本指北极星,后指宇宙万物的源头、本体,天与地没有分裂前的混沌之气,即道家所说的"道"。"阴毒甘草汤"则是治疗腹痛呕逆的药物。道家认为,身体内的阴气越多,过剩的浊气就越多。这里所说的"浊气",即"阴毒",服用甘草汤有助于驱逐阴毒。

"精、气、神"是中医中经常提及的三个概念,被称为"三宝"。"精、气、神"是指人感到身心愉悦,精力旺盛,并且可以接受和完成要求的工作、家务等,不感到身心疲惫。中医理想的状态是人充满"精、气、神",这就要求人不过度劳累及饮食失调,还要将五脏之间的关系进行整体思考。五脏之间的相克相生就像"金木水火土"五行的相克相生,不能让一方强一方弱,而应寻求一种平衡。中医中也存在着这样一种说法:"春夏养阳,秋冬养阴。"春天和夏天的气温比秋冬高,因此在这个季节阳气向上、向外散发,所以需要"养阳",只有这样才能和邪气抗衡,不会生病。秋天和冬天则需要"养阴",因为秋冬气温逐渐降低,室内温度远远高于室外的大自然的温度,这其中的巨大反差就容易致使人们生病。因此就要通过"养阴"来使人体机体适应寒冷,达到产热和散热的平衡就不容易生病了。谚语"春捂秋冻、不生杂病"也体现出了这个原理,但也不能一概而论,对于儿童、老人以及某些慢性病患者,在采取这个养生方法时,就应考虑自身的承受能力,不盲目"养生"。

另外,中医药的文化内涵还体现在一些名词也受传统文化影响,比如《黄帝内经》中指出:心是主宰全身的器官,是"君主之官",是人精神活动和意识思维的源头;肺是"相傅之官",因为控制着整个身体的"气",从而调节全身;肝,像将军那样,主管愤怒的情绪;脾胃则是"仓廪之官",主管饮食,掌控五味。这是将中国古代的社会政治体制中的官制与人五脏六腑功能相类比。

中医药文化是中国传统文化的瑰宝,"以人为本""天人合一""调和致中""大医精诚"等中医药文化核心价值观,与中国传统文化紧密联系,同现阶段社会主义核心价值观高度一致,其博大精深的思想内容和哲学内涵,丰富多彩的医家故事和医案医话,预防为主的医学观点和健康理念,极具中国文化辨识度,为打造中国文化名片、塑造中国文化品牌提供了重要的内容和丰富的素材。在"西医万能论"遭受质疑、公众自我保健意识逐渐提高的今天,中医药文化及其核心价值观充分诠释了医学价值观的多样性,顺应了全球文化多元化的发展趋势,理应得到发扬光大。

二、中医药文化的世界影响

（一）中医海外推广简史

两汉时期国家大一统，不仅政治日趋稳定，而且经济日益复苏。中国开始加强与周边国家的交流与沟通，公元前 138 年汉武帝派张骞出使西域，开启中国向西的"凿空"之行。公元前 119 年，张骞二次出使西域，将铸铁、凿井、中医等技术传入西域；公元前 60 年，西域都护府的设立实现了直接对西域进行管辖，丝绸之路开始迈入繁荣时期，成为中西方经济、文化交流的重要通道。这一时期中国传统医学开始与匈奴进行医药互换，并呈由近及远的方式向周边地区推广。

永平十六年（公元 73 年），汉明帝派遣班超出使西域，再次拓展、延伸丝绸之路的覆盖范围，中医文化开始向欧洲与非洲进行推广，中医独特的诊疗方式与药物都受到西域人民的一致好评与欢迎。

隋唐时期，中医药开始相继推广至朝鲜、日本、越南、印度等国。公元 562 年，吴人智聪将针灸、医书《明堂图》带入日本。公元 671 年，义净和尚南渡先后到达苏门答腊、印度等国并撰写《南海寄归内法传》一书，记载了与印度医疗卫生相关的情况，并对中国、印度两国的药物进行对比。日本派遣大批学者到中国研习医书、文学等相关内容；鉴真六次东渡更是加强了与日本在佛学、中医药方面的交流。此外，朝鲜派遣使节学习借鉴中医对流行病的防治。这一时期中医的跨文化推广范围更广，与他国的医药交流更甚。

宋代开始于广州设市舶司，以方便与亚、欧、非等国家的互市贸易。参加互市的药品种类繁多。

元朝时期，意大利人马可波罗游历中国并编写《马可波罗游记》。书中对中医理论、诊疗及药材较为详尽地向欧洲人进行了介绍。11 世纪，塔吉克人阿维森纳吸取中国、印度、罗马等国的医术，特别是中国传统医学切脉诊疗法及近千种中药的记载，著成世界不朽名著《医典》。

明朝时期，郑和七次下南洋、西洋，将大量中国传统医药材带出海外，并将海外动植物品种引进中国，丰富中国草本医药。与此同时，日本、朝鲜派遣各自医学界名医来中国进行交流、学习，如日本名医竹田昌庆、朝鲜名医崔顺立等将中医药总结记录并带入本国。

　　清康熙年间,天花一度成为流行性疾病,政府于京师特设检疫、防治天花机构。俄国派留学生学习种痘、防痘的技术。17 世纪,以李时珍编写的《本草纲目》为代表的中国医药学著作被欧洲各国竞相翻译并出版发行。中国的针灸技术也由天主教传教士纷纷带回欧洲。

(二)中医药文化的现代世界影响

　　中医药文化内容丰富,医术精湛,理论独特,具有很高的实用价值,尤其是中华人民共和国成立后,中医药的传播、影响和作用越来越大。20 世纪六七十年代,全球性的"针灸热""中医热"遍及世界各地。进入 80 年代,欧美发达国家率先又兴起了"中药热"。如美国有约 80 多所名为中医学院、针灸学院或东方医院的小型教育机构;在南美、北欧和西欧、非洲、澳洲等,不仅有许多小型中医教育机构,而且一些综合性正规大学也设有中医和针灸课程。1977 年后,联合国世界卫生组织在中国北京、上海、南京等地建立了 6 个传统医药合作中心,我国也先后在日本、意大利和泰国等国举办过多次中药大型展览。日本生药研究者代表团多次来华参观访问。联合国工业发展组织委托中国在北京举办国际中药学习班,参加学习的有来自欧洲、亚洲、非洲和拉丁美洲 18 个发展中国家的学员、联合国工业发展组织官员和世界卫生组织的代表。80 年代来华学习中医药的留学生、进修生、实习生达 10 多个国家 200 多人。90 年代以后来华学习的人数剧增,有来自 130 多个国家和地区的 14700 余名留学生、进修生来华学习中医药。我国建立的 7 个传统医学合作中心和 3 个国际针灸培训中心培养了数以千计的国(境)外各类中医药人才。特别是近几年我国政府中医药主管部门在北京又成功地举办了两次国际中医药大会,为世界医药界所瞩目,影响广泛而深远。20 世纪 80 年代后,国外的中医药教育机构也在不断涌现,如澳大利亚的皇家墨尔本理工大学、悉尼大学、维多尼亚大学,法国的巴黎大学比尼医学院,西班牙萨拉哥萨大学等。日本、韩国、新加坡、泰国、马来西亚等邻国和华人较多的国家,开设的中医药教育机构更多。

　　2010 年,中医针灸被联合国教科文组织列为"人类非物质文化遗产",《本草纲目》和《黄帝内经》也被纳入"世界记忆名录"。国际标准化组织(ISO)还成立了中医药技术委员会,截至目前已经制定并颁布 53 项中医药的国际标准。2017 年 1 月,国家中医药管理局、国家发展和改革委员会共同发布的《中医药"一带一路"发展规划》中指出,到 2020 年,中医药"一带一路"全方位合作新格局基本形成,将建立 30 个中医药海外中心,颁布 20 项中医药国际标准,注册 100 种重要产品,建设 50 家中医药对外交流合作示范基地。

　　据世界卫生组织统计,目前 103 个会员国已认可使用针灸,其中 29 个国家设立了传统医学的法律法规,18 个国家将针灸纳入医疗保险体系,有 30 多个国家和地区开办了数百所中医药院校,培养本土化中医药人才。在中国政府倡议下,第 62 届、第 67 届世界卫生大会两次通过了《传统医学决议》,并敦促成员国实施《世界卫生组织传统医学战略(2014－2023 年)》。如今,中国政府与 40 多个国家、国际组织和地区主管机构签订了专门的中医药合作协议。2019 年 5 月 25 日,第 72 届世界卫生大会审议通过了《国际疾病分类第十一次修订本(ICD－11)》,首次纳入起源于中医药的传统医学章节。

　　中药走向全世界最突出的成果是中国青蒿素的惠及全球。1972 年中国科技人员成功提取分子式为 $C_{15}H_{22}O_5$ 的无色结晶体,命名为青蒿素,青蒿素和传统的抗疟疾药相比,治愈率高达 95％以上,并且副作用很小,挽救了全球特别是发展中国家数百万人的生命,因此被西方媒体誉为"20 世纪后半叶最伟大的医学创举"。2015 年 10 月,中国科学家屠呦呦因此获得诺贝尔生理学或医学奖,成为首获科学类诺贝尔奖的中国人。

　　2016 年的里约奥运会让我们在电视机的荧幕前看到菲尔普斯背上因拔罐后留下的清晰痕迹,令人印象深刻,通过明星效应,又一次将中医药文化带向了世界。据报道,很多国外的运动健儿选择中医养生疗法中的拔罐和针灸等方法来调理运动中身体所出现的不适;运动员在调整自己身体状态时,也多采取食疗,中医养生食疗方法被更多人认可。

　　近年来,面对各种肆虐的病毒,中国中医药治疗和中西医结合治疗大显身手,中医、西医各有所长,可以优势互补。随着中医药在防治艾滋病、非典中取得的成效,特别是在新冠肺炎抗击过程中,中医药发挥了很好的疗效,令人十分鼓舞。特别是中国研制生产的连花清瘟胶囊,经过临床证实可用于轻型、普通型引起的发热、咳嗽、乏力,对治疗新冠肺炎确实有很好的效果。连花清瘟胶囊不仅火遍全国,还走向了世界。目前连花清瘟胶囊取得了在巴西、罗马尼亚、泰国、厄瓜多尔和新加坡等 8 个国家的注册批文,并且在中东、非洲和拉丁美洲等多个国家已经启动了注册工作。

三、汉语国际推广与中医药文化传播有效结合

(一)汉语国际推广与中医药文化传播结合的必要性

2001 年出品的由郑晓龙执导,梁家辉、蒋雯丽、朱旭主演的《刮痧》,反映了自改革开放以后中国海外侨居者在异文化环境下因没能正确对待"文化休克",由中医文化中"刮痧"这一诊疗方式成为导火索引发的一系列价值观念与思维方式上的矛盾。这部电影真实地反映了中医文化走出国门后在异文化环境中推广的困境。影片对中医文化推广受阻原因主要反映为:中医的传播途径不广,中西医文化冲突明显,导致外国人对中医基本治疗方式及原理了解程度有限。

中西医文化冲突深刻的原因是东西方文化和哲学的差异,这阻碍了人们对中医基本思想及治疗理论的认识。这种差异主要表现在以下几个方面:

第一,从哲学渊源上看,中医药源于中国的儒释道哲学,强调天人合一,和谐中庸;而西医文化源于注重理性的古希腊哲学,以泰勒斯、毕达戈拉斯、苏格拉底为代表的西方文化和哲学一脉相承,更为强调科学理性。

第二,从理论基础上看,中医药属于阴阳五行的朴素唯物主义,注重宏观出发看待病情;西医则属于机械唯物论,注重微观,对于病灶治疗的针对性很强。

第三,从技术形态上看,中医药更讲究经验的应用,通过直觉感悟进行病因分析,所以往往是老中医更有被信任感;而西医更讲究科学原理,讲究精确化,以实证思维分析病因。

第四,从身心观上看,西医的思维方式基于身心二分的理念,治病的思路是把致病因素准确识别、精确打击;而中医的思维方式则认为身心一体,旨在加强生命本身的免疫力。

第五,从治疗方法上看,中医药认为每个人都是不同的,采取个别化诊治与辨证施治;而西医倾向于提炼出各种病情的共性,采取统一标准化与依病论治疗的方法。

中医药作为中国的原创医学,是中国传统文化中最珍贵的遗产之一。其最大特点就是诊断和治疗的整体观念,对病人进行综合的辨证施治。如今中医药文化在国际范围内已受到一定认可,并成为我国与世界各国开展人文交

流、促进东西方文明交流互鉴的重要内容,成为我国与世界各国共同维护人类健康、增进人类福祉、建设人类命运共同体的重要载体。一方面,众多的中医药专业人士走出国门,他们通过坐堂行医或向热爱中医药的人们传授中医药知识,将中医药文化带到世界各地;另一方面,许多外国留学生来到我国的各大中医药院校学习相关知识。中医药是中国传统科学最具代表性的门类之一,推动中医药海外发展,把中医药打造成亮丽的"中国名片",这也是推动中国优秀传统文化走出去的有效途径。虽然中医文化面临与西医的碰撞、竞争,其跨文化推广环境十分严峻等问题,但是中医文化是我国独特而优秀的文化资源,我们要以高度的文化自信传播我国的优秀传统文化,应借助"一带一路"的东风,推动中医文化的国际传播。

(二)汉语国际推广是中医药传播途径之一

由《刮痧》影视作品反映出的文化冲突可以看出,中医药文化若欲实现国际传播,汉语国际推广将起到重要作用。因为中医药的载体是汉语、汉字,现存 1 万余种中医药古籍都是以汉字写成的。要想对中医药有较深入的研究,不懂汉语是做不到的。同时,汉语国际推广选择怎样的内容走进课堂与教学意义是息息相关的,其评判的重要依据就是是否有利于拓展学习者的视野,增进学习者的学习兴趣。中医药文化以其丰富且全面的文化内涵、养生实用价值吸引着无数汉语学习者;它是可以实践体验的、可触的文化,是活在现实生活中,集趣味性、实用性为一体的表现形式,它与枯燥的语音、词汇、课文及语法相比更易于学习者接受。因此,面对"一带一路"的发展需要以及中医走出国门的迫切需求,结合汉语国际推广内容亟待丰富的现实要求,将中医文化引入对外汉语课堂十分必要,在汉语国际推广教学中增加中医药文化教学更是势在必行。

通过孔子学院传播中医药文化已经取得一定成效。孔子学院作为以中文教学,传播中国文化的教育机构,其中已有多家孔子学院开设中医相关的课程,还有一些是以中医为特色的孔子学院。国家中医药管理局的数据显示,截至 2019 年 12 月,全球建有 15 所中医孔子学院和孔子课堂,78 个国家 240 多所孔子学院开设了中医课程,注册学员 3.5 万人,18.5 万人参加过相关的体验活动。

孔子学院现在主要通过三种形式传播中医药文化:

第一,开展中医主题活动,如中医推拿、中医讲座等;

第二,打造中医孔子学院,通过学历教育推动中医药课程进入所在国高等教育体系；

第三，建设研究型孔子学院，鼓励科研人员参与中医药相关课题研究。

中医药国际化的突破口是积极对外传播中医药文化，中医药文化的国际宣传比中药出口更为迫切，是中医药走向世界的基础。中医药发展的国际化需要培养中医药国际人才，而这一专业人才的培养不仅需要扫除语言障碍，而且还需要了解中国文化，由此可见，汉语国际推广任重而道远。

（三）汉语国际推广中中医药文化的选取内容

汉语国际推广中的中医药文化内容选取，应该根据不同语言水平与文化阅历的学生因材施教。

对于汉语初级阶段的学生，可以介绍一些简单的中医知识，例如中药的来源、中医治疗采用的独特方式等。

对于中级汉语水平的学生，可以选取一些常见的中医理念影响下的人们的生活习惯，介绍一些人们日常生活中食用的蔬菜水果、饮用的花草茶的功效和药膳的制作等。

对于高级水平的学生，可以适当地选取一些中医理论影响下的相关词汇、俗语，结合中医文化给学生扩展词汇量，找一些与中医文化相关的阅读材料，或选取一些便于理解的中医类书籍，引导学生阅读与学习，提高学生的阅读水平。

在汉语教学中利用与生活相关的话题，如"午睡""中国菜""喝热水""太极拳"等讲解中医文化知识点，既生动又能够实时学习和传播中医药文化。

1.中医药文化核心价值

主要体现为"以人为本、医乃仁术、天人合一、调和致中、大医精诚"等理念，可以用"仁、和、精、诚"四个字来概括。

（1）医心"仁"

"仁"的意思就是"爱"，仁者爱人，是儒家思想的具体体现。在中医里包括两方面：其一，"医术之仁"，仁爱之心通过医这一"术"得到最充分的体现；其二，"医者之仁"，通过医者体现出来的，也就是中医药从业人员的伦理道德和行为规范，既表现为医者尊重生命、敬畏生命、爱护生命的"仁心"，又表现为医者行医过程、进药炮制过程中的"至诚"行为。

（2）医道"和"

"和"，是中医药的核心和灵魂，主要包括"阴"和"阳"的中和、和合、和谐。

"阴阳和"可表现为天人合一、人我合一、形神合一、太和等,包含四层含义:

第一,自然观上是"天人相和"。天为阳,人为阴;天人合一,达到太和。医者治病首先要顺应人与自然,不能破坏人与自然的和谐,如果人与天地自然失去和谐,就会得病,医术就是使"失和"重新恢复到"天和"。

第二,社会观上是"人我相和"。作为医者,其社会关系主要是和患者的关系、和同道的关系,要做到信和、谦和、温和。

第三,身体观上是"形神相和",就人体而言,形与神、身与心、气与血等等都是"阴阳",人自身的起居服食、视听言动、喜怒哀乐无所过,达到身体的情志和、气血和、脏腑和、经络和,也就是形神合一、心身合一,就能宝命全形、健康延年。

第四,治疗观上是"阴阳相和"。中医认为疾病就是阴阳不和,治病就是调和阴阳,阴阳调和了病就治好了。"阴阳"不仅是生命的根本,而且是治病的根本。阴阳调和了,疾病自然就消除了。

(3)医术"精"

"精"体现了中医医术要精益求精。包括三方面:

第一,学医要"博及医源,精勤不倦"。学医不仅仅是学习医书、医方,而且要学习以《周易》为核心的传统文化知识。

第二,行医要"精益求精,臻于至善"。要将医术精益求精,就要掌握救死扶伤的高超技艺。

第三,研医要"惟精惟一,精思妙悟"。就是要用功精深,用心专一。

(4)医德"诚"

"诚"是对一个医者从内心到行为的基本要求,主要表现在以下三个方面:

第一,医者必须"心地诚谨,心怀至诚"。要对病人以至诚之心相待。

第二,医者对待患者的行为必须"真诚恳切,守信戒欺"。在处方用药上要实事求是,切忌为了牟利过度诊疗、过度处方;在进药炮制上,要剔除伪劣,选药上乘,如法炮制。

第三,医者自我行为必须"诚信求真,慎独自律"。医护人员要求真务实,踏实进取,要终身学习,不能有半点马虎。

2.中医的诊病和典型疗法

(1)中医的诊病:望闻问切

望诊:是对病人的神、色、形、态、舌象等进行有目的的观察,包括望诊和舌诊。

闻诊:听声息。

问诊:询问症状。

切诊:摸脉象。一切脉象都是心力强弱,脉络弛张,气血津液虚滞的综合反映;心脏、脉络气血津液发生病变,又与五脏发生病理改变有关,所以切脉能察五脏盛衰。

(2)典型疗法

刮痧:以经络腧穴理论为指导,通过特制的刮痧器具和相应的手法,蘸取一定的介质,在体表进行反复刮动、摩擦,使皮肤局部出现红色粟粒状,或暗红色出血点等"出痧"变化,从而达到活血透痧的作用。

针灸:针灸是针法和灸法的总称。把针具按照一定的角度刺入患者体内,运用捻转与提插等针刺手法来对人体特定部位进行刺激从而达到治疗疾病的目的。针灸是东方医学的重要组成部分之一,具有鲜明的汉民族文化与地域特征。

拔罐:拔罐法又名"火罐气""吸筒疗法",古称"角法"。这是一种以杯罐作工具,借热力排去其中的空气产生负压,使其吸着于皮肤,造成瘀血现象的一种疗法。

3.加大医学用语的训练

在教材编写中,加大医学用语的交际训练,多加入中国民间流传的医学惯用语、俗语、成语。如:"对症下药""灵丹妙药""良药苦口""换汤不换药""久病成医""死马当活马医""庸医杀人""病急乱投医"等等。

4.介绍中医养生知识

中医养生,就是指通过各种方法颐养生命,增强体质,预防疾病,从而达到延年益寿的一种医事活动。中医养生重在整体性和系统性,目的是预防疾病,治未病。2008年6月7日,中医养生经国务院批准列入第二批国家级非物质文化遗产名录。近年来,《黄帝内经》被视为中医养生知识的权威理论,受到广泛研究与推广。如今,随着社会的飞速发展,人们生活节奏加快,生存环境不断变化,处于亚健康的人群日益增多,我国有1/3以上的人处于亚健康状态,公众的健康问题也越来越突出。养生的目的在于培养生机、预防疾病、争取健康长寿,这些与人们当前的需求相契合,因此,中医养生必将是养生服务业未来的发展方向。

（1）人体养生原理——人体五行说

①五脏之间的相生：

肝生心——木生火,如肝藏血以济心；

心生脾——火生土,如心之阳气可以问脾；

脾生肺——土生金,如脾运化水谷之精气可以益肺；

肺生肾——金生水,如肺气清肃则津气下行以资肾；

肾生肝——水生木,如肾藏精以滋养肝的阴血等等。

②五脏之间的相克：

肺（金）的清肃下降,可抑制肝（木）阳的上亢,即金克木；

肝（木）的条达,可以疏泻脾（土）的壅滞,即木克土；

脾（土）的运化,可以防止肾（水）水的泛滥,即土克水；

肾（水）阴的上济,可以制约心（火）阳亢烈,即水克火；

心（火）的阳热,可以制约肺（金）的清肃太过,即火克金。

③五脏六腑的养护：

心：养神；

肝：情绪稳定,起居正常,饮食有节,不妄作；

脾：吃好睡好,多运动,少生气；

肺：情绪稳定,饮食有节,呼吸养肺；

肾：节欲保精,调畅情志,爱护脾胃；

胆：作息规律,睡眠充足,三餐营养科学；

胃：吃热食,饭前喝热汤。

④时间与养护：

子时（11点到次日凌晨1点）：胆经,睡眠；

丑时（1点到3点）：肝经,睡眠；

寅时（3点到5点）：肺经,深度的睡眠；

卯时（5点到7点）：大肠经,要养成早上排便的习惯；

辰时（7点到9点）：胃经,吃早饭,要吃多、吃好；

巳时（9点到11点）：脾经,人体出现消瘦、流口水、湿肿等问题,都属于脾病；

午时（11点到13点）：心经,睡子午觉；

未时（13点到15点）：小肠经,消化,午饭要吃好,营养价值要丰富一些；

申时（15点到17点）：膀胱经,阳气运行,这个时候特别犯困,就是阳虚的毛病；

酉时(17 点到 19 点):肾经,肾主藏精,人要做大事,首先就是要保住自己的肾精;

戌时(19 点到 21 点):心包经,保护心肌正常工作,聊天休闲、娱乐;

亥时(21 点到 23 点):三焦经,该休息了。

(2)药食同源

中医中有一个很独特的理念是"药食同源",人们可以根据蔬菜、水果、五谷的不同属性,搭配、调制、制作出可以治病的膳食。中医养生学非常受欢迎,尤其是在物质充裕的年代,延年益寿、颐养天年是每个人心中的愿望,如今"全民养生"成为这个时代的潮流。传统中医中有一整套系统的中医养生理念,将一部分中医养生学的知识引入汉语教学,在传播中华民族传统文化精髓的同时,为大家传达一种健康的生活理念和方式,能调动学生们学习的积极性。

在古代原始社会中,人们在寻找食物的过程中发现了各种食物和药物的性味和功效,认识到许多食物可以药用,许多药物也可以食用,这就是"药食同源"理论的基础,也是食物疗法的基础。将"药食同源"最古老的传说在汉语推广中呈现,可以使得汉语课堂轻松愉快,可以克服学生对中医食疗文化的畏难情绪,在听故事的过程中喜欢上中国古老的食疗文化。

古代医学家将中药的"四性、五味"理论运用到食物之中,认为每种食物也具有"四性、五味"。"四性",指寒、热、温、凉四种特性;"五味",指辛、甘、酸、苦、咸五种味道。食疗药膳的进补,应遵循"因时制宜"的原则,根据中国传统五行文化的知识,结合中医"天人合一"的思想,根据四季来推荐相应的进补食疗药膳。

补食疗的药膳具有以下特点:

第一,按照"酸入肝、苦入心、甘入脾、辛入肺、咸入肾"的原则,根据不同中药的药性对身体器官产生的影响进行归类,针对不同体质,结合不同的季节、气候等科学合理地搭配膳食。

第二,注重中药与饮食相结合,强调色、香、味、形与营养价值相结合,除了发挥药膳对人体的养生、预防疾病等方面的积极作用外,还要带动人们的食欲。

第三,药膳既是食品又有中药,所以一般采用做汤或熬粥的烹饪方法。如山药汤、百合粥、天麻氽鱼片、银耳枸杞明目汤、养肤猪脚汤等,都各具特色而备受人们青睐。

针对四季应该吃的饮食:

春天养肝,多吃豆类食品(绿豆芽、黄豆芽苗、豌豆芽苗、韭菜苗、香椿苗等）；

　　夏天养心，多吃瓜类食品（南瓜、苦瓜、黄瓜、冬瓜、丝瓜、西瓜、甜瓜、木瓜等）；

　　秋天养肺，多吃果类食品（核桃、松子、梨子、苹果、柿子、荸荠、枇杷、杏子等）；

　　冬天养肾，多吃茎类食物（红薯、萝卜、土豆、山药、竹笋、莲藕等）。

　　食疗口诀：用记忆口诀的方式来记忆食疗的作用，也可以在学习口诀的同时学习中国文化，在练习口诀的时候练习中文发音。

　　口诀一：

　　冬吃萝卜夏吃姜，秋吃山药春吃荠。

　　一年四季多吃素，让你年轻又健康。

　　口诀二：

　　要想皮肤好，粥里放红枣。

　　若要不失眠，粥里添白莲。

　　腰酸肾气虚，煮粥放板栗。

　　心虚气不足，粥加桂圆肉。

　　头昏多汗症，粥里加薏仁。

　　润肺又止咳，粥里加百合。

　　消暑解热毒，常饮绿豆粥。

　　乌发又补肾，粥加核桃仁。

　　若要降血压，煮粥加荷叶。

　　滋阴润肺好，煮粥加银耳。

　　春季防流脑，荠菜煮粥好。

　　健脾助消化，煮粥添山楂。

　　梦多又健忘，粥里加蛋黄。

　　口诀三：

　　利尿消肿治脚气，赤豆粥里胜补剂。

　　消热生津又和胃，甘蔗做粥来补胃。

　　伤风感冒又腹痛，生姜上场来做粥。

　　滋肾补肝又明目，枸杞加上粥里香。

　　生梨润肺化痰好，苹果止泻营养高。

　　黄瓜减肥有成效，抑制癌症猕猴桃。

　　番茄补血助容颜，莲藕除烦解酒妙。

橘子理气好化痰,韭菜补肾暖膝腰。

萝卜消食除胀气,芹菜能治血压高。

白菜利尿排毒素,菜花常吃癌症少。

冬瓜消肿有利尿,绿豆解毒疗效高。

木耳抗癌散血淤,山药益肾浮肿消。

海带含碘散淤结,蘑菇抑制癌细胞。

胡椒驱寒兼除湿,葱辣姜汤治感冒。

鱼虾猪蹄补乳汁,猪肝羊肝明目好。

益肾强腰吃核桃,健肾补脾吃红枣。

　　总之,中医药作为中国文化之精华,为人民健康及文化繁荣做出了巨大贡献。如今中医文化正逐渐为世界所认知,世界人民对于中医文化的心态也逐渐在改变。中医药的国际传播发展离不开汉语国际推广,汉语国际推广也需要文化作为内核以驱动其发展,二者是相互依存、相互促进、相辅相成的。随着"一带一路"中医药公共外交政策的实施,越来越多的外国人开始通过学习汉语了解中国博大精深的中医文化。通过对中医文化教学理论基础与汉语国际推广有效结合的探索,希望能最大限度地挖掘中医药特色文化并将其更好地实现国际传播。

第六章　中国影视作品与汉语国际推广

　　在全球化背景下,影视作品已然成为文化传播的一种方式。随着好莱坞电影在全世界的热映,美国文化和价值观随之渗透到全球。中国电影凭借着饱含中国武术文化元素的"功夫片",在国际上大受欢迎,甚至走进了好莱坞电影并掀起了"中华文化"热。2005年《人民日报》在《难忘李小龙》中报道:"仅仅几年时间,通过电影这个大众传媒,'中国功夫'就令西方人如雷贯耳,西方语言中也有了'功夫'一词。"可见,影视作品非常有利于汉语的学习和文化传播。

　　影视作品是社会生活的缩影,是一个时代的印记,人们可以通过它了解社会文化、时代文化、提高日常交际能力。影视作品的种类形式越来越多样,内容越来越丰富,包括电视剧、电影、各种综艺节目、动画、纪录片、微视频等等。中文影视吸纳了中国文化的观念,以"天人合一"的观念为基础,注重人与人、人与社会、人与自然的和谐相处,蕴涵深厚的民族文化底蕴和独特的艺术风格,通过讲述故事中蕴含的理念及价值内在的特质,反映中国人的历史生活故事。中文影视通过讲述饱含着人类共同情感和追求的传统故事,成为世界文化的重要组成部分。将中文影视作品融合到汉语国际推广中,不仅可以培养学习者听和说的技能,也可以通过剧中人物的表情神态来对语言进行更深刻的理解,而且外国学习者在学习地道汉语的同时,可以更加深入地了解中国社会和文化。

　　中文影视作品教学作为一种汉语教学手段,可以在一个相对轻松的学习氛围中培养学习者视、听、说能力,同时能让学习者了解到相关的中华文化知识和社会现象。20世纪80年代初,原北京语言学院拍摄录制了第一部专门应用于对外汉语教学的电视纪录片《中国话》,开启了将影视资源运用到汉语教学中的历程,之后影视作品这一新型视听教学模式已然成为行业国际推广的一种教学模式。如电影《大鱼海棠》、流行歌曲《卷珠帘》、综艺节目《上新了,故宫》等,不仅具有很强的吸引力,而且实现了和中国传统文化的有机结合,很适合作为教学材料在课堂上展示。

一、汉语国际推广中影视作品运用的可行性

（一）汉语学习情景化

对于第二语言学习者而言，汉语相对比较难，在学习者学习汉语的过程中，经常存在汉字复杂难记、发音难学，声调把握不准的情况；缺少真实的交际情境，造成语言和文化脱离等障碍，造成了学习者缺乏学习的积极性，难度高趣味少，学习前段主动性高，后段后继乏力的现象。为培养汉语听说读写基本技能及语言交际能力，仅仅以课堂语言学习教学会比较枯燥，很容易使人失去学习积极性，因此，采用情境教学，可以使学习者能利用自己原有认知结构中的有关经验去同化和索引当前学习到的新知识，从而赋予新知识以某种意义。而影视作品具有融汇文学、绘画、音乐、建筑、摄影、雕塑于一体，融社会历史和现实于一体，融知识性和趣味性于一体的特点，通过视听感知和吸收知识的功能，使汉语学习者在轻松愉快的氛围中获得知识。利用中文影视作品进行教学就是让学习者在声音、画面、故事情节的共同作用下通过自己的思维与情感去融入这种语言环境当中，从而在无目的无意识的环境中接收甚至记忆这种语言。中文影视作品中包含了大量的不同场景中人物的交际活动，其语言都是真实的生活语言，影视作品将枯燥无趣的语言知识立体生动地展现在学习者面前，正好为学习者提供了一个真实的语言环境，有利于学生汉语语言知识的积累和语言技能的培养。

（二）扩大交际汉语的范围

影视作品中的语言，是以生活化、口语化为主，这些语言还具有时代性及地域性特征，如古代影视作品有古代语言，现代的影视作品会融入时下的流行语，为表现生活气息会融入地方语言，而书本里学到的都是一些基本的、常用的、比较规范的语言知识，学习者从书本中转换到真实的语言环境中时，会明显感觉到所学知识的不够用。因此，影视作品正好可以在这方面加以完善，让学习者从影视片断中掌握一些在书本中未能学到的词汇、句式以及表达法，从而扩大语言交际技能。

影视语言表现力更丰富、更强，如流行语最能敏锐反映时代和社会心理的变迁，是时代生活在人们语言中的折射，是人们思想和情感的流露。例如《我

爱我家》《家有儿女》等喜剧影片用幽默俏皮的语言对世俗风情、社会弊端进行了讽刺和批判,同时运用了北京特有的京味幽默,会进一步扩大汉语学习范围,增强交际汉语的实用性。电影《刮痧》和《卧虎藏龙》等有文化差异的影视作品,能够为学习者建立跨文化情境,帮助学习者体验、感受汉语语言文化。

　　中文影视运用汉字、语音、图像、文化背景等手段,充分调动人的视觉、听觉来接收语言信息,同时创造较为真实的交流、对话和互动的语言环境,不是生硬的灌输,能够极大地提高学习者的汉语学习兴趣。

(三)扩充中华文化知识

　　影视作品具有文化性,所以将影视作品引入汉语教学中,不仅可以让学生学习到地道的语言,而且也可以让学生学到地道的中国文化。第一,影视作品的内容是社会、时代的缩影,将中华文化以生动逼真的形象、人们喜闻乐见的方式呈现给观众,让汉语学习者能够在感受语言的同时也领会到地道的中国文化,加深对中国文化的理解和认同。第二,中华文化随着中国社会的不断发展也在不断更新,而大多数教材相对而言更新周期较长、更新速度较慢,学习者不能及时从书本中学到新时代、新社会所产生的新文化。影视作品具有实时性、信息量大的特点,可以将新文化更迅速、更便捷地传递给汉语学习者。

二、汉语国际推广中影视作品运用的优势

(一)创建多样的交际情景

　　影视作品自身多样的表现手法,创造了大量符合实际交际情景的文化片段,融现实与艺术于一体的文化展现方式,不仅呈现出艺术的美感,也创设出富有真实感的交际情景。真实语境在第二语言习得过程中非常重要,影视作品可以帮助学习者理解较难口头解释清楚的问题,它可以进行直观、生动、形象的展示,从而使学习者更好地理解汉语知识。如对一些复杂难懂的词汇,可以选取有直观实物展示的影片片段,制作实用的教学视频。

(二)营造轻松的学习氛围

　　与刻板无趣的书本相比,影视资源的有趣、灵活更能引起学习者学习知识

和文化的积极性和主动性。无论是有意识的文化学习还是无意识的文化欣赏，通过影视作品这样一种方式向外传播的中华文化都能更好地为受众所接受。这其中一个重要原因就是，它创造的文化氛围是轻松的，不带有任何强制性的学习要求，而且不同的人根据自己的爱好可以随意选择自己感兴趣的中华文化作品进行欣赏。影视资源在汉语课堂上的使用创造出了一种寓教于乐的学习环境。影片的播放不仅使学习者在视觉上能欣赏到精致的画面，而且在听觉上能接收到优美的音乐，视听怡悦的情况下能在一种比较放松的心理状态下去吸收新知识。教师可在作品的播放过程中设置相关课堂练习，对学生加以引导，进一步激发学习者的好奇心和探索欲望，活跃课堂气氛，降低学生在第二语言习得过程中的焦虑情绪，帮助学生在比较轻松的心理状态下进行汉语学习，同时，课后学生也可以根据自己的喜好选择感兴趣的影视作品观看，并从中加强学习。

（三）培养汉语技能与交际能力

汉语的言语技能包括了听、说、读、写四个方面的能力。通过观看中文影视作品，能够观察和学习到作品中不同人物在不同语言情境下用汉语交际的方式并学以致用。

首先，中文影视资源是视听的结合，学习者对于影片的理解就是通过对画面的观看和对声音的聆听。在观看影片的时候，能了解到不同的语调、语速、停顿等的言外之意；选择字正腔圆的读音和婉转优美的语调之素材，可以锻炼对汉语的听力理解能力，提高学习者在实际生活中的听说能力。同时，影视剧可以培养学习者的语感，让他们在实际交流中去模仿，加强对语境的感知认识，会大大提高学生的语言运用水平，在不知不觉中提高自己的汉语交际能力。

其次，影视作品中的一些经典台词会成为模仿的语言素材，比如剧中的经典台词，会促使学生模仿造句，在日常生活中练习该句式，在练习中学会语言。一些顺口溜或者歇后语，外国学生觉得有趣或者实用，也会死记硬背下来应用于日常交际中。

三、影视作品助力中华文化的传播

中国优秀的传统文化正在逐步走出文学作品和历史文献的局限，努力适应时代的发展要求，借助现代的传播媒介和载体来传承和弘扬。在这个过程中,影视作品起了极大的作用。语言是文化的载体,学习一种语言,也是学习这种语言所代表的文化。通过对中文影视作品的学习,学生不仅会掌握到汉语的使用规则,也会对中国人的生活习惯、思维方式、风俗礼仪有个大致的了解。随着文化在综合国力竞争中地位和作用的加强,优秀中华文化成为社会发展的关键动力。《关于实施中华优秀传统文化传承发展工程的意见》要求文艺创作要"善于从中华文化资源宝库中提炼题材、获取灵感、汲取养分"。在此氛围之下,影视作品作为中国最普遍的主流媒介之一,应该主动承担起传播中华文化的重任,唤起人们共同的文化记忆。

(一)故事片的文化传播

如今越来越多的影视作品,其故事主线都包含现代人文精神以及中华传统文化精神,以直观、精美的画面,用令人深思、耐人寻味的台词来获得观众好感与共鸣。通过影视作品传播中华文化、弘扬中华文明已经成为最有力的传播方式之一,它能够将中华民族五千年所形成的智慧和价值与作品内容完美结合起来并通过最有效的方式展现出来。

"书写国风之美,传递文化自信",这是《人民日报》对《陈情令》的评论。通过文化作品这种潜移默化的方式呈现出来的中华优秀传统文化,不仅让文化得以传承,而且通过剧集的播出更有利于使受众直观形象地感受传统文化。近年来,越来越多的影视作品剧情聚焦国风之美,力图用人们熟悉的中国元素感染观众,让人们在追剧娱乐的过程中了解中华文化并传承其千年底蕴。例如,伴随着电视剧《陈情令》的播出,剧中所展现的传统文化元素引发了观众追剧狂潮,同时也引发观众的热议。该剧主要讲述了主人公魏无羡在挚友蓝忘机的帮助下,两人锄奸扶弱、匡扶天下的成长传奇故事。在剧情跌宕起伏扣人心弦的同时,《陈情令》中融入的许多国风元素与中华传统礼仪等,都极具娱乐性和观赏性,在此过程中观众既感受了影视剧中的国风之美,也学到了中华古代传统文化礼仪。

《陈情令》中包含了许多中华文化要素。

第一,在服饰上有非常强的中华文化符号,剧中五大家族均有其代表纹饰及特定的服饰妆容,如卷云纹代表姑苏蓝氏,九瓣莲花纹代表云梦江氏,牡丹纹代表兰陵金氏,这些都取自于中国古代的传统纹饰。其中,姑苏蓝氏家族日常必须佩戴的抹额,其历史可以追溯到秦始皇时期。据《中华古今注》中记载,"秦始皇巡狩至海滨,亦有海神来朝,皆戴抹额绯衫大口袴,以为军容礼,至今不易其制。"同样的装饰在《红楼梦》中贾宝玉、王熙凤也常佩戴。

第二,兰陵金氏所有子弟额间都要点一颗朱砂痣,这是金氏先祖希望他们"以道启心,以心启智"。

第三,作为剧中重要道具之一的古琴,即主人公蓝湛所使用的七弦琴,已被列为世界第二批人类非物质文化遗产。伴随着《陈情令》的热播,也让更多的年轻人开始对古琴感兴趣,并主动去了解古琴的历史,从而去学习古琴,有助于这项非物质文化遗产的传承。

第四,剧中主要角色的名、字、号使用,是中国古代称谓的方式。如魏无羡,字无羡,名婴,号夷陵老祖;蓝忘机,字忘机,名湛,号含光君。在称呼上也是遵循古代礼制,亲近才可直呼其名,表尊敬时须称字,所以剧中同一人物因为关系的亲疏有着不同的称呼,体现了我们尊卑有别的伦理亲情观。

第五,最为重要的是《陈情令》所展现出的年轻人不畏困难、不断拼搏和坚持梦想的精神,也向青少年传递出少年侠气、家国天下的价值观。《陈情令》所呈现出来的不仅有中华传统文化之形,更有中华民族之魂。剧中江氏家训"明知不可为而为之",取自孔子《论语·宪问》"知其不可而为之"。这体现在剧中主人公魏无羡一生都秉承江氏家训,从中能看出本剧想要表达的态度——"无论结果与否,能与不能,只需要有勇气去挑战自我,突破自我",这也是当代青少年所需要的精神和担当。

《陈情令》不仅在中国风靡一时,还是一次非常成功的传统文化输出。该剧在国内播出后反响热烈,国外也是如此,碾压了许多泰剧、日剧、韩剧,位居亚洲剧排行榜第一,目前已被翻译成十几个国家的语言,并且引发了网络上各国网友的各种二次创作。

综观近几年的影视剧,中华文化被体现得越来越多,如引发人们共鸣的《芈月传》《延禧攻略》《长安十二时辰》等优秀的电视剧作品;又如电影《我和我的祖国》讲述了在新中国成立七十周年时,平凡家庭发生的与国家相关的感人故事,等等。这些影视资源往往蕴含着一定的文化内涵,也是中国人日常生活中的一个个缩影。

(二)纪录片的文化传播

除了故事片外,影视作品中许多优秀的纪录片也让中华文化得到广泛传播。利用纪录片视听结合的特点,采用多种教学方法,能够让学习者更加容易接受其中的知识。2011年中央电视台播出200集系列纪录片《手艺》以来,不断有优秀的传统技艺类纪录片推出。大型非物质文化遗产纪录片《指尖上的传承》,精选国家非物质文化遗产项目中的传统手工技艺和民间传统手艺,以朴实的感染力和强大的影响力,全方位、多视角地对传统手工技艺进行宣传、介绍,最大程度地为观众解读和还原了传统手工技艺的原生环境、精神内涵和文化根源,唤醒了人们对传统手工技艺逐渐模糊或遗失的记忆,引领观众在对传统文化的认识、认同和尊重中坚定文化自信。

近年来,《舌尖上的中国》的播出,创造了纪录片的收视奇迹,不仅受到中国人的喜爱,在西方一些国家也受到欢迎。该片记录中华大地上的美食故事,借用拍摄全国各地的美食之机,侧面展示出这片土地上不同民族、不同居民所处的不同地理环境、不同的饮食习惯和不同的民俗地域文化。在该节目里,不但为我们展现了中国丰富的饮食内容与习惯,更传达了上升到生存智慧层面的东方生活价值观。该片能激发学习者学习中国文化的兴趣,突破跨文化交际障碍,增加学习者对中国文化的理解程度,通过影视作品和饮食文化进一步传播中华文化。

《航拍中国》以航拍的视角俯瞰中国,对中国的文化景观、自然地理、经济社会发展等进行多方位、立体化的展示;《早餐中国》将镜头对准地方特色早餐,讲述属于市井街道的早餐生活,等等。这些影视作品通过多种新颖的拍摄手法与视角,较为纯粹、集中地展现了相关文化内容,文化气息浓烈,是优秀的影视作品,为汉语国际推广的文化教学提供了丰富的教学资源。

(三)优秀综艺节目的文化传播

中华上下五千年的历史沉淀,留下了如此多的文化遗产,不仅有灿烂的中华诗词、令人神往的神话传说,还有津津有味的民间话本和无数历史故事,这些民族文化珍宝共同孕育出了博大精深、源远流长的中华传统文化。而大众对精神生活的追求使得文化类的综艺节目如雨后春笋般崛起。近年来,出现了一批以《国家宝藏》《上新了·故宫》《诗词大会》《经典咏流传》等为代表的文化类综艺节目,这些节目以中华优秀传统文化为支撑,传承、传播了文化正能量,迅速成为国民讨论的焦点。以传统文化为核心,实施文化创新驱动发展战略,为当前"泛娱乐化"的综艺市场注入了深厚绵长的文化根基,也以打动人心的方式,满足了当代人对传承铭记传统文化的情感诉求。

《国家宝藏》这一节目,是将各个博物馆的镇馆之宝带到了大众面前,通过邀请明星进行演绎的方式,让大家了解这一文物背后的故事,创造性地转变了文化传承的方式,让一个个冰冷的文物,瞬间充满了鲜活的力量。通过身临其境的舞台表演和感人肺腑的历史讲述,向观众介绍了奏响民族之音的曾侯乙编钟、延续中华文脉的先秦石鼓、活若千年的马王堆女尸等,这些宝藏无一不是中华数千年血脉延续的精华。通过对文物的讲述来回溯千年之前的历史，不仅能激发华夏儿女共同的民族文化情怀，更能于润物无声中传承中华文脉。

《上新了·故宫》的节目制作秉承了"用年轻的视角和创新的表达，赋予故宫文化新的审美体验和大众参与，把文化节目做得生动、有趣，更加贴合观众尤其是年轻观众的审美习惯，让更多的人爱上故宫，爱上中国文化"的理念，因此打破了大众对于故宫的刻板印象，让公众视线跟随节目嘉宾游历故宫深处，并打造蕴含故宫元素的文创产品。创新传承、传播故宫文化，成为社会各界热议的话题。

《中国诗词大会》开办的宗旨是"赏中华诗词，寻文化基因，品生活之美"。这一节目让人们重新体会到了中华诗词的美妙意境。不仅如此，节目还设置了互动环节，观众可以通过移动媒体来进行答题，有效地拉近了观众与节目的距离，将电视媒体与中华文化的传承有机地结合了起来。通过《中国诗词大会》充满刺激和紧张的比赛系统，观众可以进一步了解中国传统诗歌文化，重温经典古诗。节目更邀请文学教授，对时代背景和诗作补充分析，使读者能够领略到诗词的美，以及诗词背后的故事。2016年《中国诗词大会》未播先热，预播前的网络热度便一路飙升，一经播出便火遍中国大江南北。它力求通过对诗词歌赋的花式比拼及对古诗词的鉴赏，带动全民重温那些年我们初高中时代学过的、朗朗诵上口的经典古诗词，和世界人民分享了中国的诗词的意境美。人们惊奇地发现中华文化竟然如此生动有趣，原来一向被人们看作是"高大上""风雅"的诗词原来这么接地气，原来诗歌就在我们身边，一时掀起了"全民读诗"的热潮。节目用"古今融合"的形式将传统诗词经典与现代流行相融合，讲述一些不为人知的古代文化历史知识，阐释不同时代的人文价值，解读那个时代人们的思想观念。

《经典咏流传》通过经典传唱人对诗词编曲的"回炉重造"，将离我们上百年，甚至上千年的诗词重新带回到我们的身边。该节目由杨洪基、王力宏等近百位经典传唱人用流行歌曲的演唱方法演唱了《滚滚长江东逝水》《三字经》等经典诗词。台湾音乐人胡德夫说："希望我们现代的人们，能把文化和音乐的根留住。"经典传唱人们将自身的音乐风格和诗词结合起来，用现代的唱法和曲调来演绎那些"跨越时空的经典"，通过经典和流行、古代与现代的不同碰撞与融合，透过传唱来阅读诗词背后的故事。《念奴娇·赤壁怀古》《秋风词》《关关雎鸠》《迢迢牵牛星》《枉凝眉》《定风波》《声律启蒙》等不同时代不同特色的诗歌，正在由现代音乐人之手进行不一样的演绎，向我们诉说着那时那刻诗人们的内心独白。

（四）短视频作品的文化传播

　　新媒体时代,网络移动平台如微博、抖音等让互联网成为文化传播的主要阵地。现以当下最热的短视频为例,来分析其传播中华文化的价值。

　　中华传统文化向来给人的感觉是严肃的、冗长刻板的,而短视频的特点恰恰就在于其"短",娱乐性强,且受众数量庞大,增长迅速,除国内庞大的用户群之外,还有大量的国外受众,这与用户不断流失的传统媒体形成了鲜明的对比。而这群快速增长的海内外用户群体正是以往传统文化传播的薄弱地带,与新兴媒体平台的融合不仅能为传统文化传承传播提供数量可观的受众,而且能在很大程度上实现群体优化,由点到面,逐渐将中华文化更好地推广出去。在短视频平台上,一些具有浓浓中国风的视频正迅速崛起,其中最具代表性的是李子柒,她因在 YouTube、哔哩哔哩、微博、抖音上分享乡村古风生活、传统美食、传统文化而走红。数据显示,她在 YouTube 平台上的订阅量几乎和 CNN(美国有线电视新闻网)持平,她频道上的短视频也被翻译成多国语言并在不同国家广为流传。她的作品题材来源于中国人朴素的传统生活,以中华民族引以为傲的美食文化、时令节气、民风民俗等为主线,围绕衣食住行等四个方面展开。李子柒的视频作品在传播了中华民族的美食文化的同时,也传达出了积极向上、热爱生活的态度,以及其独立自强的奋斗精神,让更多人看到了中国人的勤劳和善良。在她的短视频中,观众既能看到中华传统文化遗产,找回距今千年的古老的传统文化精神,同时她的视频也打开了西方世界了解中国文化的一个窗口,评论中的许多网友都表示因为李子柒所以更了解了中国,可以说这样的文化传播平台是真正达到了文化"润物无声"的境地。李子柒的视频播放量不仅受到国内媒体关注,在 Facebook 和 YouTube 的高人气还被国外媒体报道,形成了传统文化输出的一种新方式。从中可以看出中华文化具有巨大的吸引力,关键是如何让她走出去,如何让她散发出自己的魅力。

四、汉语国际推广中影视教学的选取原则

（一）价值观共性原则

　　不同国家地区的文化不同,会给汉语学习带来一些障碍,而造成文化差异的原因主要是价值观的不同。中文影视作品每年层出不穷,但并非每一部作

品都适合用来进行汉语教学,有些影视作品中的文化现象会与某些文化或宗教产生冲突,因此在选择影视作品教学时应该注意电影的世界性和国家文化价值的共性。在汉语教学中,我们要尊重文化差异,做到平等对待各种文化,摒弃文化高低、优越之说。这就要求我们在选择影视作品时,要格外注意作品背后所要传达的内涵,把握内容细节所传达出来的文化,避免造成不必要的文化冲突。选取关于幸福、创业、人性、爱情、家庭伦理等人类共同关注的共性影视作品,更容易引起学习者的兴趣,产生共鸣。在选材的时候尽量要选正能量的作品,引导学习者形成一个健康的心态和良好的作风。如《孔子》《花木兰》等,既展示了中国的传统历史文化,也展示了中国人的民族观、价值观,英勇无畏、坚强果敢的民族精神和中华民族的传统道德观念,选取类似的影视作品作为教学素材,符合价值观共性原则。

(二)题材多样、内容丰富原则

电影的选择要多元化,选择的内容和形式要丰富多样。根据涉及教学内容不同,有目的地选择历史、地理、家庭、民俗等丰富多样的作品,才能满足不同学习者的需求。另外,影视作品的选择要有助于汉语学习者理解中国文化的内涵,而不只是纯娱乐的片子。这样的影片耐人寻味,启发内心,可以帮助他们很好地了解和认识中国,从内心感受出发体会中国文化。像动画片、纪录片、故事片等题材不只能够提供丰富的语言情境,还能从不同角度展现中国文化的方方面面,促进中国文化的传播。

(三)语言规范原则

把中文影视作品引入汉语国际推广的目的是为了培养学生的汉语使用技能,因此,要更多地注重汉语应用的正确性和准确性,在选材的时候应该把以普通话为主的作品放在首位,选取有良好示范作用的、发音标准、语言规范的影视作品。尽量避免方言太重或者低俗语言太多的作品,如《平凡的世界》《疯狂的石头》《武林外传》虽然有趣,但是里面有大量方言,其中的陕西话、河南话、东北话等方言、口音较重,会给学习者的汉语学习造成很大负担。另外,如果所选取的影视材料中有大量的古汉语或文言文,学习者就会遇到障碍,并且一旦他们对不适宜的语音语法产生了第一印象,教师还要花费大量时间和精力去纠正,会额外增加学习和教学的负担,使影视教学得不偿失。如在清宫剧《甄嬛传》中,剧中人物见面打招呼的高频台词是"娘娘""小主""万福金安"等,这些词汇或语句带有时代与场合的典型特征,是那个年代背景下特有的语言产物,已经不适用于如今的社会交际,所以应尽量少选。还有一些无厘头幽默的表现方式是逻辑性较差,经常把没有关联的语句或行为莫名其妙地糅合在一起,也会给学习者在汉语学习中造成困惑,因此也不宜选作教学之用。

(四)难度适中原则

根据不同学习阶段选择难度适中的电影。在选择影视资源的时候要因人而异,根据汉语学习者的汉语水平,选择与之等级差不多的中文影视作品,如果影视剧中的词语和句子难度太高,会使学生产生挫败感,甚至失去学习汉语的信心,因此教师要考虑到学生的具体情况,选取合适的素材。尽量选择让学生能掌握 80% 左右的素材,比较容易达到预期的教学效果,同时其故事情节要具备吸引力。

对于初级水平的汉语学习者来说,词汇量掌握不多,对于语法语用的知识也不能够很好地运用,所以应尽量选择他们熟悉领域的影片,这样容易理解,也容易产生共鸣,同时可配以字幕。因此,选择一些有利于汉语基础知识学习的动画片是比较有效的教学手段,因为动画片的语言较为简单,像打招呼、买东西等简单又实用的对话比较常见,同时将生活中最基本的常识都蕴含在里面,这有利于初级水平学习者对汉语基础知识的掌握。

中级阶段适当增加历史和地理方面的影片。对于中级阶段水平的汉语学习者来说,此时的他们已经具备了一定的汉语词汇量,但是在语言输出方面的情况还不甚理想,所以这一阶段的学生就需要着重学习汉语语法、语用方面的知识,同时也可以将中国文化的因素包含在教学里面。这一阶段水平的学生比较适合观看一些反映中国民俗文化,但语言不太复杂的纪录片和反映现实生活的短片,如《舌尖上的中国》这种既能够引起观看兴趣,又包含了中国风土人情的影视作品;或是《家有儿女》《爱情公寓》等情景喜剧中的不同片段,能够使学习者深入了解中国当代家庭生活的情况。

高级阶段可以选择反映价值观方面并且语言较为复杂的作品。对于汉语高级水平的学习者而言,学习者已经掌握了大量的汉语词汇,这个阶段的学生已经能够看懂大部分中文影视作品,也能够无障碍地使用汉语进行交流。他们更需要的是积累更多的汉语使用经验,以及用汉语清楚表达自己思想的能力,可以选择语言通俗的影视作品,来锻炼学生用汉语思维独立思考的能力和流畅的表达能力。

（五）适量性原则

一部电影的时间大概为 90 分钟，这大大超过了一堂课的时间，因此在选素材上要注意对时间的把控。如果影片时间太长，老师没有时间进行难点讲解，导致教学重点不突出，变成纯粹的影视欣赏课，就偏离了教学目标；如果时长过短，内容缺乏连贯性，就会影响学生对内容的理解。所以，可以根据学习内容剪辑有用的片段或以微电影的形式呈现，不仅可以使学习者容易从宏观上理解影片主旨，也能在观看作品时学习汉语。比如历史短视频节目《顽皮历史》，紧跟时下热点话题，以全新的角度切入，每期利用 3—4 分钟的短视频，纵向梳理贯穿古今的历史知识，讲述吸引观众的趣事，开创了全新的讲述历史的话语方式。再如《汉字里的中国人》，每期用几分钟的时间，通过影像解读方块汉字，原本是一个个象形文字的汉字被放回到图形的脉络当中来理解，让受众去感受造字的过程，将现代人与汉字的关系重新建立了起来，品尝到了色香味极佳的历史珍馐。这些都是不错的汉语学习素材。

总之，在影视作品的选择上应该选择文化取向适宜、价值观积极向上、难易程度与学生汉语水平相适应、使用语言较规范、少方言和俚语、时长合适的素材，对学习者的语言交际做出正确的引导和启发，让学习者在轻松愉快的氛围中感受中国文化，以达到良好的学习效果。

五、影视作品在汉语国际推广教学中的应用

对于第二语言学习者而言，学习者对汉语及其背后的文化所产生的兴趣，能够促进学习者产生学习汉语及中国文化知识的动力。通过影视作品进行汉语教学，使课堂更加有趣，学习者在轻松的环境中接受汉语及文化知识，能够更容易在大脑中形成记忆并储存，进而逐步提高汉语水平。听说读写是语言的四项基本技能，汉语学习时，针对不同课型，根据影视作品的特点，将其分别应用在听力课、口语课、文化课中，将起到较好的教学效果。

（一）影视作品在听力课中的应用

听力是语言学习基础，是一种语言输入的过程，是进行言语交际的基础。因此听力教学是汉语教学中很重要的一部分。传统的听力教学是以教师按教科书播放配套的录音，同时进行讲解来完成教学。采用的基本模式都是先看

问题,然后重复地播放录音,直至回答出问题,这种教学输入方式枯燥单一,学生很快就会厌烦,很难集中注意力,从而不能达到理想的学习效果。由于所播放的录音比较生硬,学生听起来非常吃力。但如果采用视听结合方法,在调动听觉的基础上加入视觉效果,从而在头脑中能够积极地进行联想和构建,这样就能促进大脑的吸收,提高听力能力。因此,利用影视资源创设逼真的语言环境,让学生边听边模仿,使他们能够快速地融入语境当中。教师在选择听力影视资料时,应该选择一些偏向口语化、通俗化强的影片,比较贴近日常生活交际,学生听起来就不会太困难。在应用影视作品教学时,教师可以先大概讲解一下作品的内容,然后针对学生汉语水平设置相应问题,在播放视频的时候可以分几遍进行播放,第一遍进行整体播放,让学生对整个故事情节有一个大致的了解;第二遍之后可以让学生尽量回答听力题目,不懂的地方可以做标记。用影视作品进行听力练习的时候,应把字幕去掉,学生看着画面听着声音,反复练习,教师可以适当停顿让学生进行语言复述和表达;也可进行无像播放,即把画面去掉只留下声音,这样学生就没有了画面的介入,集中精力听说话者的语音、语调,从而进一步提高听力能力。

（二）影视作品在口语课中的应用

语言学习的最终目的是开口说,只有开口说才能达到交际的目的。欲使学生能够自如地用汉语进行交流,就要求教师在课堂上提高学生的开口率,让学生敢于张嘴说话,而有一些同学认为自己发音不标准,尤其是难把握汉语声调,怕同学们嘲笑,所以多闭口不说。对于这样一种现象,把影视作品运用到口语课堂当中,在课堂上选取一个学生感兴趣的情境,在真实的语言环境里让学生多模仿。在第一遍播放影视作品时,要求学习者一边仔细看一边认真听,把视觉效果和听觉效果融合到一起,画面的直观感、情境的整体性能够更好地帮助学生理解每一句话的含义。在基本掌握每一句话的发音和语义后,可一边听一边说,和原声同步进行,重在模仿说话者的语音语调,不断地加强练习。之后,可把影视作品的原声消掉,让学生看着画面给视频配音,学生也可把自己的声音录下来,和原声进行对比,找出差距,并适当改正。同时也可以设计情景对话的方式,让学生模仿影视作品人物进行对话,提高口语实用能力。

（三）影视资料在文化课中的应用

与纸质的中国文化教材相比,影视作品在汉语国际推广教学中进行文化传播的优势是显而易见的。它有真实的交际场景,包括真实生动的语速、动态连续的画面、切实可感的情节,更重要的是,它有意识地呈现了在真实环境中非言语交际的模式,例如招呼语、握手与拥抱等体态语、民间习俗、历史变革等等,而这无一不蕴含着文化因素。

在教学大纲的指导下,根据选片原则选取适当影视作品。针对中国文化课或中国概况课的教学任务不同,选择课堂上将使用的不同教学片断,进行剪辑制作。在这两种有关文化的教学过程中,影视资源既能作为学习的对象单独使用,又能搭配课程教材进行运用,就作品中所涉及的文化内涵,有针对性地安排练习,让学生带着问题进行泛看。

比如,通过影视作品学习中国节日文化。教师可根据学生的水平选择相关的纪录片或是动画片进行播放,在第一遍观看后,教师可以向学生提出问题,并就学生回答情况判断其知识掌握的程度,同时就作品中的文化知识进行细致讲解。在学习者第二遍观看的过程中,教师对片中出现的生词、语法、文化点等内容向学习者做具体的讲解,同时提示学习者在观看的过程中注意寻找教师之前提出的问题的答案。在结束第二遍观看之后,教师针对之前提出的问题向学习者展开提问,在必要的情况下对其中部分片段进行回放。问题解决过后,教师还可以让学习者进行相关文化知识的练习加以巩固。最后,结合影片进行话题讨论,如在学习者所在国家是否有类似的节日,是如何庆祝的,找出其中的文化差异,加深学习者对中国节日文化的了解。

文化实践也是文化教学的一种方式,让学习者从掌握的有关文化的理论知识逐渐向文化实践技能靠拢,促进汉语学习者取得更大的进步。可以就影视作品中的情景进行模拟,让学习者用角色扮演的方式进行文化实践,模仿或模拟影视资源中的情景对话、生活交际场景等。比如,中国的称谓非常复杂,对于汉语学习者尤其是西方国家的汉语学习者来说,不容易搞清楚,虽然可以通过一些图表来说明,但还是比较抽象。因此,可以找一些相关的影视作品,让学生先观看后,再通过模拟剧中人物交流的方式,加深学习者对如何称呼别人的印象和记忆。这样学习者能够在不知不觉中学会并掌握如何称呼不同身份、不同地位的人,同时为今后的日常生活中建立良好的人际关系打下基础,体现出良好的个人文化修养。

另外,中国的美食在世界上都非常受欢迎,许多汉语学习者也对如何包饺子、如何使用筷子等非常感兴趣,因此,可以选用有关中国美食的片段进行播放,之后让学习者进行相关文化体验活动。通过组织包饺子,了解中国传统美食——饺子的制作过程,介绍饺子的文化内涵:让学生认识到饺子形如元宝,人们在春节吃饺子取"招财进宝"之音;饺子有馅,便于人们把各种吉利的东西包到馅里,以寄托人们对新的一年的祈望;饺子和"交子"是谐音,有新旧年之间"交在子时"的含义,所以吃饺子代表新的一年吉祥如意。同时,加深学习者对春节文化的理解,从而体会包饺子在中国人过春节中的重要意义。

影视作品教学也非常适用于茶文化的学习,在课堂上,通过播放茶文化纪录片,向学习者讲述有关中国茶文化的相关知识之后,为了加深学习者关于茶叶的文化体验,教师可以组织学习者去古色古香的茶馆,在观看影片相关内容的基础上,领略煮茶、烹茶、泡茶等茶道文化,品尝茶的清香,加深对茶具的认识,学习茶艺知识,等等。

总之,汉语国际推广不仅是语言的学习,也是文化的学习,学习者在学习汉语的同时,亦应了解汉语背后所承载的中华文化,从而准确地对所学汉语知识进行理解和消化,减少在与人交际过程中出现的各种问题。影视资源以其独特的优势,越来越多地被运用于汉语学习的视听及文化教学之中,这样既能更新和丰富教学内容,还能弥补传统教学方式的不足。因此,在教学中应最大程度地有效运用影视作品,从而发挥其优势作用。

第七章　中国传统建筑文化与汉语国际推广

　　中国传统建筑文化是中华文化的重要组成部分之一,中国传统建筑具有独特的建筑类型和设计特点,呈现出鲜明民族特色和地域特征,反映出中华民族的历史、思想、价值观、审美意识和文化习俗。认识中国的传统建筑是了解中华文化重要的渠道和窗口。在汉语国际推广中引入中国建筑文化,有利于提高汉语学习者的兴趣,对加深中国文化、价值观念、伦理思想的认识具有很重要的作用。把中国传统建筑文化融入汉语国际推广中,可以促进对汉字学习以及汉语词汇的掌握,不但能提高学习的趣味,而且能帮助学习者认识中国传统建筑,欣赏建筑美,感受到中国文化的博大精深。

一、中国传统建筑及特点

　　人类生存最重要的四大件事是"衣、食、住、行",建筑是人类居住的构建方式。从古至今,建筑都是为了满足人类最基本的需求而产生的,为了遮风避雨,防止日晒雨淋,是人类智慧的结晶。不同国家、不同民族文化和不同地域,建筑呈现出不同的形式,颇具当地民族特色。中国建筑具有悠久的历史传统和光辉的成就。从陕西半坡遗址发掘的方形或圆形浅穴式房屋发展到现在,已经有六七千年的历史。中国建筑的代表有:修建在崇山峻岭之上、蜿蜒万里的长城,是人类建筑史上的奇迹;建于隋代的河北安县的赵州桥(安济桥),在科学技术同艺术的完美结合上,早已走在世界桥梁科学的前列;现存的高达67.1米的山西应县佛宫寺木塔,是世界上现存最高的木结构建筑;北京明、清两代的故宫,则是世界上现存规模最大、建筑精美、保存完整的皇家建筑群。

(一)中国传统建筑概述

　　中国建筑自先秦至19世纪中叶以前基本上是一个封闭的独立的体系,2000多年间风格变化不大,通称为中国古代建筑艺术。

1.历史溯源

早在 50 万年前的旧石器时代,中国原始人就知道利用天然洞穴作为庇护所。在北京、辽宁、贵州、广东、湖北、浙江等地发现了原始人居住的岩洞。新石器时代,黄河中游的宗族部落以黄土为墙,用木架和草泥建造半窟民居,然后发展为地上建筑,形成聚落。在长江流域,由于天气潮湿多雨,经常有水患和遭受动物的危害,已发展成为干篱笆建筑。

中国古代建筑经历三次大的高潮。

第一次高潮:公元前 221 年,嬴政皇帝吞并韩、赵、魏、楚、燕、齐六国后,建立了一个集中的帝国,利用国家的人力物力,在咸阳建立了首都、宫殿和陵墓。今天,可以从阿房宫遗址和秦始皇陵东侧大规模的兵马俑列队埋坑,想见当时建筑之宏大雄伟。

第二次高潮:隋唐建筑不仅继承了历代建筑的成就,而且整合了外部影响,形成了独立完整的建筑体系,将中国古代建筑推向成熟阶段,对韩国日本影响深远。

第三次的高潮:元、明、清六百多年来统治着中国,在这期间,除了元、明末年的短期分裂主义战争外,中国总体上保持着统一的局面。随着中国古代社会的发展逐渐结束,社会经济文化发展相对缓慢,建筑史却取得了巨大的成就,是发展的最后一个高潮。

2.中国传统建筑的种类

(1)民居建筑

民居建筑是满足人最基本生活需要所营建的居住性建筑,是历史上最早出现的建筑类型。中国民居建筑受到环境、气候、民俗文化、经济、礼制等因素影响,在风格上和工艺做法上有较强的地域性。如:北京四合院、四川广安古镇民居、陕西窑洞、云南少数民族干栏式建筑、福建土楼、青藏高原砌筑厚墙式平顶碉房、蒙古包等。

(2)宫殿建筑

供皇帝办理朝政和满足居住功能的院落式建筑群,称为宫殿建筑。如:北京故宫是现存最宏大的清代建筑物,其宫殿规模之大、所占面积之广在世界建筑群中屈指可数。故宫四周有高垣的厚墙,也就是紫禁城,东西宽约 760 米,南北长约 960 米,由护城河环绕一周拱卫其中,体现了"天圆地方"的中国古代建筑典型形态。整个建筑群整齐、对称,以中轴线为基准线布局,分布有外朝三大殿——太和殿、中和殿、保和殿;内庭主三宫——乾清宫、交泰宫与坤宁宫;再向北就是御花园了。为了保证建筑之间的群体组合以及整体布局的和谐统一,殿均以多进院落、一正两厢为配置;白玉阶梯、黄瓦红墙;各宫殿内外均使用木材施以彩绘,金碧辉煌,庄严美丽;加上瓷器、木雕、造景、丝绸等装饰品的点缀,更显得雍容华贵,富有天家贵胄风范。总的来说,紫禁城建筑群以空间变换的层次体系铺就气势恢宏、波澜壮阔的建筑实体,给人以神秘、庄重、威严的心理震慑,既表达了中国几千年以来皇权崇拜的历史观念,又反映了天人同构、天地合一、亲近自然的华夏民族精神。因此,往往将紫禁城作为中国古代建筑的巅峰代表。无论将这座建筑群的哪一个部分作为研究对象,都能看到中国建筑发展的成果在这里遗留下来的痕迹。

（3）坛庙建筑

坛庙建筑是表达对天地、祖先的崇敬和感恩而举行各种祭祀活动的场所,亦称礼制建筑。如:北京的社稷坛、太庙、天坛、月坛、日坛、先农坛、先蚕坛、孔庙、历代帝王庙,山东曲阜孔庙,山西的关帝庙,各地的文庙、武庙等。

（4）宗教建筑

宗教建筑是人们从事宗教活动的主要场所,包括佛教的寺、塔、石窟寺,道教的庙观,伊斯兰教的清真寺等。如:少林寺、白云观、石窟寺等。

（5）陵墓建筑

陵墓建筑是安葬死者供后人祭祀的专用场所,称为陵墓建筑。现存多为帝王和王公大臣的陵墓。陵墓建筑在中国古建筑中较为特殊,是中国古建筑重要的组成部分,它有严格的规制和"风水学"之说,帝王的陵墓建筑由地下部分的"地宫"和地上供后人举行祭祀活动的建筑及设施组成。历代帝王都很重视自己陵墓的营建。如:秦始皇陵、明十三陵等。

（6）园林建筑

园林建筑是建造在园林和城市绿化地段内供人们游憩或观赏用的建筑物,主要包括有:亭、台、楼、阁、榭、舫、廊、斋、轩、堂、馆、桥、坞、甬路、地面等。中国传统园林建筑可分为三类:私家园林、皇家园林、风景园林。

①私家园林以江浙地区数量最多。著名的私家园林有:江苏扬州的个园、寄破山庄,苏州的拙政园、留园、狮子林、沧浪亭,无锡的寄畅园,浙江绍兴的沈园、兰亭等。

②皇家园林建筑主要集中在北京地区,如北京颐和园、香山、圆明园、北海、中海、南海、景山,还有河北承德避暑山庄等。

③风景园林建筑是在自然风景景观的环境中,适宜地营建一些园林建筑,

增加自然景观的欣赏品位和情趣,满足人们游览时的功能需要,起到画龙点睛的作用。

(7)设施性建筑

设施性建筑是因国家和社会生活功能需要而营造的设施性建筑或构筑物,主要有军事防御设施的长城和关隘,水利设施的堤坝和闸口,交通水运设施的桥梁和码头等。

设施性建筑分为三类:军事防御设施、水利设施、交通水运设施。

①著名的军事防御设施有北京八达岭长城,慕田峪长城、河北金山岭长城、河北山海关长城及城楼、甘肃嘉峪关长城等。在我国沿海地区为防倭寇侵扰营建了很多海防据点,如浙江台州临海长城,著名的山东蓬莱登州卫也是一座水军的海防城堡。

②水利设施是以灌溉、防洪为主,如著名的四川都江堰、广西灵渠。我国很多地区特别是江南水系丰富地区,水利设施遗存较多,如堤岸、堤坝、闸口等。

③交通水运设施主要有桥梁、码头和栈道等,如著名的河北赵县安济桥(赵州桥),福建晋江的安平桥,江苏苏州的宝带桥,福建屏南县长桥镇的万安桥,北京的卢沟桥等。

(二)中国建筑的特点

1.框架式结构

中国传统建筑普遍是木质建造结构,建筑的主要材料是木头。木材相比石头来说更具有生命力,更体现人对自然的敬畏之情,而木材具有人所没有的坚韧,且便于加工,因此可以说中国建筑就是关于木头的传奇。中国古代的建筑材料来源于大自然,在很大程度上体现了人与自然和谐相处,体现了人类尊重大自然规律,回归大自然,最后与大自然相互融合的心理需求。

以木构架为主的"框架式结构"体系是中国传统建筑的特点,使用木头柱子、木梁等材料作为房屋的框架,同时也注重造型的独特性,讲究对称,利用黄金分割线等体现建筑的艺术美感。中国古代建筑采用木柱、木梁构成房屋的框架,屋顶与房檐的重量通过梁架传递到立柱上,墙壁只起隔断的作用,而不是承担房屋重量的结构部分。"墙倒屋不塌"这句古老的谚语,概括地指出了中国建筑这种框架结构最重要的特点。

2.空间布局

(1)单体建筑

中国传统建筑大多是独特的单体造型一室多间的空间布局,单体建筑大致可以分为屋脊、屋身和屋顶三个部分,其中单体建筑的平面布局形式大多为长方形、正方形、六角形、八角形、圆形。它们的空间布局形式有着严格的方向规则,常为坐北朝南,属于南北向,只有少数建筑群因受地理环境的影响而有所变通,中国古代建筑群的布置总要有一条主要的纵轴线,这是受儒家中正思想的影响。从整体上来看,中国古建筑的空间布局具有封闭性,这与古代封闭性的思维模式和小农经济意识有着密切的关联。

(2)群体建筑

中国传统建筑追求的是群体之美,通过不断叠加单体的数目组成庞大规模的建筑群,由若干单座建筑和一些围廊、围墙之类环绕成一个个庭院而组成,彰显出整体的庞大和宏伟。庭院式的组群与布局,一般都是采用均衡对称的方式,沿着纵轴线(也称前后轴线)与横轴线进行设计。比较重要的建筑都安置在纵轴线上,次要房屋安置在它左右两侧的横轴线上,一般包括府邸和园林两部分,其中府邸建筑中轴对称,深进平远,前后有多进院落。院落间相互串联,可以通过前院到达后院。一般前院用来接待客人,设置厨房和仆人的住处,后院则是主人所居住。中轴线上的房屋因为居于中心,等级最高,理应由家中地位最高的人居住,中国文化传统中以东为尊,所以东边的房屋仅次于中心,西边的房屋等级更低一些。例如,明清的宫殿、曲阜孔庙等都是类似的结构,严格遵循着等级制度,有着和谐对称的美感。从这些都可以看出中国古代建筑比较强调平面的纵深组合空间,是中国人自古内敛沉静、含蓄之个性的体现,也能看出受封建礼制和宗法思想的影响,并且注重追寻真切自然的感觉。

(3)色彩鲜明

在木材上涂漆和涂桐油的办法,保护材料与增加美观并举,达到实用、坚固与美观相结合。房屋的主体部分,也即经常可以照到阳光的部分,一般用暖色,特别是用朱红色;房檐下的阴影部分,则用蓝绿相配的冷色。

(4)艺术造型

中国建筑不管是从群体到个体,从整体到局部,都注重和谐美,讲究人与自然空间秩序的巧妙结合,营造出一种和谐融合之美,可以说"和谐美是中国群体建筑艺术的灵魂"。例如,江南园林展现出风景精致动人的美感,其中亭台楼阁错落有致,小桥流水蜿蜒曲折,茂林修竹相互掩映,一步一景,宛若仙境。

二、中国传统建筑的文化内涵

(一)儒家文化与中国传统建筑

儒家文化思想在中国古代人民心中根深蒂固,上至帝王将相,下至士农工商,都深受儒家文化思想的影响。整个社会具有严格的等级制度,不仅体现在君臣方面、家庭伦理方面、男尊女卑方面,还体现在建筑风格方面,中国古代建筑严格遵循了等级森严的伦理制度。

中国古典建筑群体中的单体建筑之间的相互关系,不但是由于视觉要求决定的,而且是由"父父子子""君君臣臣"的社会现实关系决定的。在一个家庭里,以家长为核心与其他人等按照亲属关系的远近构成了一个平面展开的人际关系网络。同样,在一个建筑群内部,建筑也因其服务对象不同,按照服务对象人际关系网络展开,相应建筑的大小、方位和装饰也与之对应,这样让建筑群体成为理想的政治秩序和伦理规范的具体表现。在这样一个系统中,不可避免地使得单一方向的秩序会得到特别的强调。在整个组合中,主从区别特别明确,个别建筑只有在和主体建筑的参照中才会明白它的地位和价值,这些特点的形成,当然与建筑等级制度的存在有关。儒学主张尊卑有序,上下有别,注重用建筑来体现尊卑礼序,举凡建筑的开间、形制、色彩、脊饰,都有严格的规定,不得违制僭越。在传统建筑的布局、造型和色彩等方面都有所体现。如中国传统屋顶就分九级,其中以重檐庑殿顶级别最高,只有皇亲贵族和孔庙才可以使用,而硬山顶等级最低。在建筑色彩方面也有等级之分,总的来说,以黄色为尊,只有皇家才能使用,其他人不能使用,而居民只能用黑、灰、白为墙面及屋顶色调。综上所述可以看出,儒家文化思想对古代建筑风格的影响巨大。

儒学提倡礼制,所以出现的建筑有两种类型:一是把整个建筑的形制本身看作是"礼制"的内容或者化身;二是为了礼的要求,如祭祀、纪念、教化等建置的建筑物或者附属设施,像宗庙、祠堂、社稷以及供教化用的明堂、辟雍、孔庙等都属于此类。另外,在城市布局上因"礼"而产生的建筑元素,如阙、钟楼、鼓楼等,实际上也是一种"礼器"。

中国在古代就是以农业为主的农耕文明,中国人强调安居乐业,家不仅仅是提供衣食住行的地方,更具有宗庙思想,具有家天下这一思想系统的特征。

在中国古代,儒学曾长期占据重要思想地位,儒家讲究温良恭俭让和忠恕之道,注重强调要约束自己,善于调节自我和社会的矛盾,所以由此总结出中国人的隐忍坚韧的思想文化,这与木材的细致、深秀、坚韧、柔美有很多相似之处。

(二)道家"天人合一"思想与中国传统建筑

"道法自然"和"天人合一"是道家思想方面的内容。

"道法自然"是遵循自然客观规律的发展,强调人与自然和谐相处。中国古代建筑大多都是依山傍水,追求人与自然和谐相处,自然与建筑物巧妙结合,总是给人营造出宁静祥和的氛围。建筑材料以木材为主,取材大都来自于大自然,大自然给予我们物质财富的同时,我们也要回馈大自然,保护大自然的美好,创造大自然的奇观美景。

"天人合一"的核心内容是在于人与宇宙的和谐统一,在于生命的主体与自然的客体完美结合。中国园林就是最好的例证,中国园林建筑能让人全身心融入园林中的自然风景,使人留连忘返,将自身融于山石花木、曲桥流水之间。

(三)阴阳学说与中国传统建筑

中国传统住宅建筑非常重视阴阳观。以城市而言,最外面的是城墙,故城墙为阴;最里面的有道路,故道路为阳。以住宅而言,则以门房、寝室、过道等表示阴,而起居室、堂屋、客厅等表示阳。在建筑色彩的运用上,也表现出阴阳观,暖色为阳、冷色为阴,相互搭配,结合使用。

古代中国人习惯以群体聚集生活在一起,集体共同劳动,利益共享,这种生活模式使人们形成了集体思维模式,遇到问题的时候,人们会从整体利益出发去思考。而中国古代民居建筑群落体现了这种聚居生活的特性,具有典型的东方色彩。

三、中国传统建筑文化词汇及延伸

中国的传统建筑反映着中华文化的精神风貌,是中华文化的物质精粹。语言是文化的载体,词汇是语言三要素之一,建筑文化词汇也承载中国传统文化的核心,其深受中华文化的影响,蕴含着丰富的中华民族文化内涵,也充分体现着中华民族的文化背景、生活场景、民族心理及思维方式等。建筑文化词语数量众多,作为汉语文化词汇教学的一部分,是文化传播、文化交流的重要桥梁。汉语国际推广教学中的文化词汇是连接语言和文化的桥梁,对了解中华民族文化有着非常重要的作用。因此,对汉语中的建筑词汇进行研究,将有助于我们进一步了解中国传统建筑文化,发掘蕴含在建筑文化词语中的中国建筑的独特魅力。

(一)居住建筑类

1.巢

巢指鸟搭的窝,在现代汉语中常被引申为"家庭"的意思。

相关词:巢居、巢窟、鸟巢、蜂巢。

引申词:爱巢、空巢家庭、鸠占鹊巢。

词汇释义:

①巢居:指底层架空、上层住人的居住形式,大体是指杆栏式房屋。

②爱巢:新房,引申为年轻夫妻的幸福家庭。

③空巢家庭:是指子女长大成人后从父母家庭中相继分离出去,只剩下老年一代人独自生活的家庭。现在很多独生子女去外地上学工作后,父母常自嘲为"空巢老人"。

④鸠占鹊巢:斑鸠不会做巢,常强占喜鹊的巢。比喻强占别人的住屋。

2.穴

穴指洞、窟窿。

相关词:穴居、洞穴、地穴、岩穴、窟穴。

引申词:空穴来风、蜂窠蚁穴。

词汇释义:

①空穴来风:有了洞穴才进风。比喻消息和谣言的传播不是完全没有原因的;也比喻流言乘机传开来。

②蜂窠蚁穴:比喻占据的地方极为狭小,借以对偏安一隅的地方势力的蔑称。

3.宫

宫指帝后太子、神仙等居住的房屋。

　　相关词：故宫、宫殿、宫室、皇宫、宫阙、宫室、宫廷、深宫、地宫。

　　引申词：天宫、宫女、宫人。

　　词汇释义：

　　①宫阙：古时帝王所居住的宫殿，因宫门外有双阙而得名。

　　②深宫：a.宫禁之中，帝王居住处。b.亦借指帝王。

　　③宫廷：a.是指由帝王及其大臣构成的统治集团。b.帝王居住和处理朝政的处所，比如宫廷生活。c.泛指房屋，以喻范围。

　　④宫室：a.古时房屋的通称。b.后来特指帝王的宫殿。c.指妻子。

　　4.室

　　室本义是供人居住寝卧的房间，后来具体是指堂屋后面正中的那个房间。能进入内室的人往往和主人关系密切。

　　相关词：内室、洞室、房室、卧室、教室。

　　引申词：妻室、暗室、登堂入室、引狼入室、入室弟子。

　　词汇释义：

　　①内室：里面的屋子，也指卧房。

　　②妻室：指妻子。

　　③登堂入室：登上厅堂，进入内室。比喻学问或技能从浅到深，达到很高的水平。

　　④引狼入室：意为把狼招引到室内，比喻自己把坏人或敌人招引进来，结果给自己带来了不可想象的麻烦。

　　⑤入室弟子：特指与师父亲近且有成就的弟子。

　　5.堂

　　堂指正房，高大的房子；也可以用来表示同祖父的亲属关系。

　　相关词：堂室、堂屋、穿堂、殿堂、天堂。

　　引申词：堂姐妹、堂兄弟、同堂、登堂入室、大雅之堂、满堂红、金玉满堂、哄堂大笑、济济一堂。

　　词汇释义：

　　①堂屋：传统中国民居中的礼仪空间，一般设计在房屋中间，又称"客堂"。堂屋用于尊祖敬神、祭天拜地、婚丧寿庆、禳鬼避凶。

　　②穿堂：门厅。

　　③殿堂：中国佛寺中重要屋宇的总称。

④堂姐妹、堂兄弟、同堂:亲属称谓体现着家庭、家族、婚姻、人伦等方面的礼制关系,建筑是人们日常起居生活的场所,与人们的关系尤为密切,用建筑词语代指称谓较为合适。"堂"指代亲属称谓。"堂"作为中国人家庭的公共场所,有着协调宗族之间、宗族和外姓之间关系的作用。如果一个家庭发生比较重大的事情要处理,那么家庭成员就会聚集在"堂"中议事。因而,"堂"便可以引申用作亲属关系的指称,如:"堂哥、堂姐、堂弟、堂妹",还有"高堂""北堂""同堂",等等。

⑤大雅之堂:意思是形容某些被人看重的、不"粗俗"的事物,高雅的事物;或指高尚雅致的地方。

⑥哄堂大笑:形容一屋子的人全都笑了。

⑦济济一堂:经常用来形容有才能的人聚在一起。

⑧金玉满堂:形容财富极多,也形容学识丰富。

⑨满堂红:形容各方面都取得较好的成绩或到处都很兴旺。

6.房

房指住人或放东西的建筑物。

相关词:厢房、侧房、书房。

引申词:堂房、长房、远房、新房、洞房。

词汇释义:

①厢房:正房前面两旁的房屋。

②堂房:不是嫡亲的同族人。

③长房:长子身份;长子一脉所传。

④远房:指血缘疏远的同姓宗族人员。

⑤新房:一般是指新婚夫妻的居住空间,新婚夫妇的卧室。

⑥洞房:指新婚夫妇的居室。

7.殿

殿在古代泛指高大的房屋,后专指供奉神佛或帝王受朝理事的大厅。

相关词:宫殿、宝殿、殿堂、殿阁。

引申词:殿试、殿上虎。

词汇释义:

①宝殿:佛殿或神殿。

②殿阁:殿堂楼阁。

③殿试:科举制度中最高一级的考试,在宫廷举行,皇帝亲临主持。

④殿上虎:刘安世,宋朝魏(今山西省)人,字器之。中举进士,累升为谏议大夫,本着严正的态度,立于朝廷,遇事敢言,评论政事,刚正忠直,不畏强权,据理力争,往往使对手当面折服,一时深受朝廷上下恭敬畏惧,称他为"殿上虎"。

8.庭

庭指堂阶前的院子。

相关词:户庭、庭院。

引申词:后庭、大相径庭、改换门庭、过庭之训。

词汇释义:

①庭院:建筑物前后左右或被建筑物包围的场地通称为庭或庭院。即一个建筑的所有附属场地、植被等。

②户庭:户外庭院。亦泛指门庭、家门。

③后庭:指后宫,也借指宫女。

④大相径庭:形容彼此相差很远,大不相同。

⑤改换门庭:意思是比喻另择新主,另找依靠。

⑥过庭之训:父亲的教诲。

9.院

相关词:别院、禅院、后院、院子、独门独院。

引申词:后院起火、深宅大院。

词汇释义:

①别院:就是主宅院之外的同属于一个主人的宅院。别院可以在主宅院的旁边、附近,也可以和主宅院隔着十万八千里。别院亦称作偏院,指正宅之外的宅院。

②禅院:禅院是佛教寺院的一种,其突出的特点是属于佛教禅宗派别的禅师们所建,仅供禅师们参禅悟道修行的场所。

③独门独院:一家独住的一所房屋。

④后院起火:来源于典故,当晋文公准备率兵攻打卫国时,他儿子公子锄笑了起来,说:"一天邻居送妻子回娘家,半路上看见一个赶路的妇人,顿生好感,便笑嘻嘻地上前与她搭话,可是回头一望自己的妻子,也正有人与她搭话。"晋文公想了想,就明白了,儿子是提醒自己不要老想着征讨别国,要谨防

后院起火。于是,他马上放弃了攻打卫国的计划。古时此词专门用来指妻妾们之间的矛盾。到了现在,"后院起火"是比喻内部闹矛盾,发生纠纷,在日常生活中更具有一种讽喻劝谏的意味在里面。

⑤深宅大院:房屋众多,庭院深广。多指富贵人家的住宅。

10.宅

宅指住所,房子(多指较大的)。

相关词:宅邸、府宅、豪宅、老宅。

引申词:深宅大院、宅男宅女。

词汇释义:

①宅邸:指高级官员的住所。

②府宅:基本意思是官署,邸宅。

③豪宅:指比高档住宅在质量、档次、规模和售价等方面都更高的住宅。

④宅男宅女:是新词新语,喻指不喜欢外出交际的男女。

(二)观赏类

1.亭

亭,停也。道路所舍,人停集也。

相关词:亭子、凉亭、五里亭、亭阁、书报亭。

引申词:鹤唳华亭。

词汇释义:

①亭阁:亭台楼阁。

②五里亭:位于福建省漳州市长泰县武安镇珠坂村,去县五里而得名。由"官亭"与"观音亭"组成。

鹤唳华亭:表现思念、怀旧之意。亦为慨叹仕途险恶、人生无常之词。

2.台

台指高平的建筑物。

相关词:烽火台、舞台、台阶。

引申词:灵台、上台、上台阶、下台、下台阶、后台、下不来台、政治舞台、人生舞台、拆台。

词汇释义：

①台阶：在门前或坡上修建的层级式的供人上下的路。

②烽火台：古时用于点燃烟火传递重要消息的高台，是古代重要军事防御设施。

③灵台：a.指心，心灵。b.放灵柩或死者遗像、骨灰盒的台。

④上台：比喻出掌政权或就任要职。"上台阶"指工作、生产等达到更高的程度。

⑤下台：意思是指从舞台或讲台上下来，或指卸去公职，或比喻摆脱困难尴尬的境地，多用于否定式。"下台阶"喻指脱离尴尬、窘迫的处境。

⑥后台：指舞台台口后面的全部或任何一部分地方；特指戏院化妆室。比喻在背后操纵、支持的人或集团。

⑦下不来台：在人前受窘。

⑧拆台：指破坏别人事情的行为。

3.楼

此字本义是指两层以上的房屋、楼房，也用来指楼房的一层，后可泛指一切楼状物。

相关词：阁楼、楼阁、城楼、茶楼、酒楼。

引申词：红楼、青楼、空中楼阁、更上一层楼、琼楼玉宇、背山起楼。

词汇释义：

①城楼：城楼指城墙上的门楼，是"城"的标志，其雄伟壮丽的外观显示着城池的威严和民族的风采。

②红楼：指女子的居处。

③青楼：原本指豪华精致的雅舍，有时则作为豪门高户的代称。后泛指妓院。

④更上一层楼：比喻学业或事业更进一步。

⑤空中楼阁：多用来指虚幻的事物或脱离实际的理论。

⑥琼楼玉宇：本指月中宫殿，仙界楼阁。后来形容富丽堂皇的建筑物。

⑦背山起楼：本指靠山建造楼房。后来比喻使人扫兴的事。

4.阁

阁，一是指旧时楼房的一种，一般两层，周围开窗，多建于高处，可凭高远望。二是指女子卧室。

相关词:藏书阁、阁楼、楼阁、高阁。

引申词:出阁、闺阁、内阁、空中楼阁、束之高阁。

词汇释义:

①阁楼:在较高的房间内上部架起的一层矮小的楼。

②楼阁:楼和阁,泛指楼房。

③高阁:a.高大的楼阁。b.放置书籍、器物的高架子。

④出阁:古称公主出嫁。后来成为女子出嫁的通称。

⑤闺阁:a.内室小门。借指内室。b.特指女子卧室。c.借指妻室。d.借指妇女。

⑥内阁:某些国家中的最高行政机关,由内阁总理(或首相)和若干阁员(部长、总长、大臣或相)组成。

⑦空中楼阁:指海市蜃楼,多用来比喻虚幻的事物或脱离实际的理论、计划等。

⑧束之高阁:把东西捆起来,放在高高的楼阁上。比喻放在一旁,不去管它。

(三)构建类

1.门

"门"作为建筑物的出入口,是出入必须经过之地。

相关词:门口、大门、前门、后门、月洞门、门槛。

引申词:门户、寒门、豪门、柴门、朱门、名门、出门、入门、开门红、敲门砖、过门、回门、倒插门、门当户对、书香门第、闭门羹、走后门、闭门造车、吃闭门羹、开门见山、喜事临门、门外汉、关门弟子。

词汇释义:

①门户:a.房屋的出入口。b.派别,宗派。c.家,人家。

②柴门:常借指一般人的家,普通人。

③寒门:贫寒的家庭。

④朱门:借指有势力、财富的人家。

⑤豪门:借指有权势的人家。

⑥名门:借指有名望的人家。

⑦出门:a.指离开家到外地去。b.女子离开家族,进入到另一个家庭中去,借指嫁人。

⑧入门:得到门径;初步学会。

⑨开门红:喻指一件事情刚开始就很成功。

⑩喜事临门:是吉祥话语,比喻好的事情即将到来。

⑪敲门砖:本指用来敲门的砖头,后来隐喻指办事情、求名利的初步手段。

⑫过门:指是女子出嫁到男方家。倒插门:用来形容男子到女方家里结婚并落户。

⑬回门:结婚一段时间之后(有的三天,有的一个月),新婚夫妇一起到女方家里拜见长辈和亲友。

⑭闭门:不只是表示关门,还有与外界社会隔绝的意思。闭门造车:比喻不与外界交流,脱离实际,只凭主观看法关起门来做事情。

⑮走后门:是用比喻义,即所采取的途径不是正大光明的。

⑯门外汉:指不懂行的人,外行。

⑰门当户对:指男女双方家庭的社会地位和经济状况相当,结亲很合适。

⑱开门见山:比喻谈话、办事情、写文章直截了当。

⑲吃闭门羹:比喻不让客人进门或遭受拒绝。

⑳关门弟子:指的是老师最后一个学生。

2.窗

窗是房屋通风透气的装置。

相关词:窗户、窗洞、窗孔、窗口。

引申词:寒窗、同窗、窗明几净、东窗事发、打开天窗说亮话、眼睛是心灵的窗户。

词汇释义:

①寒窗:指冬日寒冷的窗前,比喻艰苦的学习环境。

②同窗:同时在一个学校学习。

③窗明几净:窗户明亮,桌子干净。形容屋里明亮整洁。

④东窗事发:指罪行、阴谋败露。

⑤打开天窗说亮话:说话不拐弯抹角,开诚布公地说出来。

⑥眼睛是心灵的窗户:比喻透过眼睛可以了解人的内心。

3.梁、柱、栋

中国传统建筑是框架梁柱系统,几根立柱、上架横梁,构成建筑的基本结构,墙壁往往是后来再建上,为了遮风挡雨、分割空间。所以中国传统建筑常常有"墙倒屋不塌"的情况发生,盖因墙壁不承重,只要梁柱不倒,建筑就不会塌。

引申词:顶梁柱、栋梁、台柱子。

①顶梁柱:比喻在家庭或单位中起主要作用的骨干力量。

②栋梁:比喻担负国家重任的人。

③台柱子:原义是指戏班中的主要演员,后借指集体中的骨干。

总之,建筑作为一门显性艺术,不仅有遮风避雨的功能,还有物质性和精神性上的功能,能从外观结构上反映出当时时代大背景下的文化、社会、生活和精神追求。中国传统建筑是中国古代文明的标志,具有鲜明的民族特色和地域特征,具有独特的建筑类型和设计特点,可以反映出中华民族的历史进程、审美意识和文化习俗,是了解中国传统文化的重要渠道和窗口。将建筑文化作为汉语国际推广中传播中国传统文化的一个切入点,对于提高汉语作为第二语言学习者的学习兴趣,加深其对中国文化的了解,都有很重要的作用。同时,建筑文化词汇也是传播优秀中华文化的一个窗口,不仅词汇本身具有文化色彩,而且引申义十分丰富。因此,在了解中国建筑文化的同时,学习掌握好这些词汇,并在实际生活中运用好这类词汇,将有利于汉语水平的提高。

第八章　中国传统艺术文化与汉语国际推广

中国有着种类繁多的传统艺术，它们是中华民族特色文化的代表，有着深刻的文化底蕴和独特的文化魅力。把中国传统艺术文化融入汉语国际推广中，既能激发学习者学习汉语的兴趣，又能丰富汉语国际推广教学的内容，更有利于中华文化的传播。这里对书法、剪纸、中国结、中国音乐、京剧、武术等在汉语国际推广中的应用进行探讨。

一、中国传统艺术文化在汉语国际推广中应用的优势

（一）丰富汉语国际推广教学内容

中国传统艺术文化博大精深，源远流长，内容丰富，在汉语国际推广教学的过程中，把中国传统艺术文化融入教学的过程中，能极大丰富汉语教学内容，让学习者深切体会文化上的差异所带来的冲击感，使他们对汉语、对中国文化认识得更加全面，更加具体和深刻，从而取得更好的教学效果。在汉语国际推广教学的过程中，把汉语学习与中国传统艺术文化结合在一起，不仅丰富了汉语学习的内容，而且增加了学生学习的兴趣，同时更培养外国学习者在中国的文化适应能力。

（二）提高汉语学习兴趣

中国传统艺术门类繁多，有着深刻的文化底蕴和独特的文化魅力。把中国传统艺术文化融入对外汉语教学中能够显著地激发学生学习汉语的兴趣。在传统艺术文化教学中，可以开展多种模式进行，如专门开设中华才艺课程，开设书法、剪纸、中国结、武术等实践课的学习，让学生在寓教于乐中感受中华文化，提高汉语学习的兴趣；也可以播放中国传统艺术文化的短片让学生了解

这些传统艺术,如中国传统乐器的演奏、京剧脸谱歌等,通过影像加深学习者对中国传统艺术与文化的认知。

二、书法艺术

在汉语学习中,汉字是重要的组成部分,书法作为汉字的艺术表现形式,被许多汉语学习者喜爱。中国书法艺术是以汉字为依托产生和发展的,与汉字有着密不可分的关系。中国的汉字最早是象形文字,这种文字是由图画来表示的,在汉字的书写演变过程中,开始有了对汉字书写美感的诉求,因此将图画文字和艺术创作相结合便产生了书法。中国书法的魅力在于,能够使用汉字书写出极具美感的作品。书法艺术不仅是汉字的表现形式,而且它规范和促进了汉字的演变。书法也是中国文化极具代表性的符号,中国书法是一个很好的连接中华文化与世界的媒介。在汉语国际推广中融入书法教学,不仅可以提高学生对汉字习得的兴趣,也有利于中华文化的传播。

(一)书法的历史

书法产生于先秦时期,在出土的商代中后期(约公元前 14 至前 11 世纪)的陶器上遗留下来的刻画符号甲骨文和金文,便是最早的书法雏形。秦朝时使用的篆体,已经基本形成了篆体书法,如秦泰山刻石、云梦睡虎秦简、石鼓文等。只不过当时还没有艺术创作的自觉性,也没有特定的审美风尚,只能算书法艺术产生阶段的早期作品。两汉时期是汉字书法发展史上关键性的时代,这一时期书法由籀篆变隶分,由隶分变为章草、真书、行书,至汉末,我国汉字书法各元素已基本齐备。魏晋南北朝时期,篆隶真行草诸体咸备,俱臻完善,真书、行书、草书已经定型,尤其是这一时期出现的大书法家王羲之,将书法的发展推向新的高潮。他的《兰亭序》被誉为"天下第一行书"。隋唐时期,迎来中国文化发展的高峰,唐代墨迹流传至今者也比前代为多,大量碑版留下了宝贵的书法作品,楷书、行书、草书发展到一个新的境地。唐太宗李世民非常喜好书法,尤其钟情于王羲之的作品,曾经用重金搜罗王书,死后还把《兰亭序》陪葬于昭陵。他的这种喜好有助于唐朝书法艺术的繁荣,唐太宗行书作品《晋祠铭》是现存最早的行书碑刻。唐朝擅长楷书的书法家很多,对后世影响深远。虞世南、褚遂良、欧阳询和薛稷并称"初唐四家"。柳公权的楷书被称为"柳体",也受到人们的喜爱。宋朝的书法家在唐代书法的基础上进行了变革和突破,出现了蔡襄、苏轼、黄庭坚和米芾的"宋四家",宋朝书法一时变得光辉灿烂。宋徽宗赵佶"瘦金体"瘦直挺拔,自成一体,堪称一绝。元朝最具代表性的书法家赵孟頫的楷书,风格典雅秀美,被称为"赵体"。书法到了明朝后期,已经发展成一门独立的艺术。由于当时文人学士醉心书画等艺术,有的甚至以卖书鬻画为生并形成自家的风格。以明末董其昌为代表,这种发展路径已经达到了它的巅峰。总之,中国书法的发展历经了从甲骨文、石鼓文、金文(钟鼎文)演变而为大篆、小篆、隶书,至定型于东汉、魏、晋的草书、楷书、行书等过程,书法一直散发着永恒的艺术的魅力。

(二)书法的要素及特点

书法的基本要素为:

①用笔:笔的方式方法,急缓、轻重、顿挫、转折和笔画的刚柔、方圆、藏露、提按等。

②用墨:墨的着色程度及变化,如浓、淡、润、枯墨等。

③结体:字的间架结构。

④章法:书法作品的整体布局。

书法主要分为篆、隶、草、行、楷五大类书体,其特点包括:

第一,形义性。就造型性来讲,汉字书法充分利用了汉字的结构特点,通过点线的各种变化与组合将汉字的形体美提升到一个全新的高度,使其具有如诗如画般的魅力。

第二,情感性。书法能够抒情达意,表达作者的风格和感受。

第三,意会性。书法是一种"无声之音,无形之象"。

(三)书法的艺术价值

谈书法之美,离不开汉字,书法成为一门艺术,是以汉字的方形结构和线条变化为基础的。汉字从甲骨文开始,就已经融入了中国人对造型美的基本见解,即结构平衡,线条流畅,整齐而有变化,均匀而富对比。另一方面,汉字结构的写实主义精神,使汉字本身就具有自然之美和人文之美。这都给了书法家充分的空间施展艺术才能,表达自己对美的感受。欧阳询的楷书被评价为"若草里惊蛇,云间电发;又如金刚怒目,力士挥拳"。褚遂良的书法"字里金生,行间玉润,法则温雅,美丽多方"。张旭以草书出名,韩愈说他"喜怒、窘穷、忧悲、愉佚、怨恨、思慕、酣醉、无聊、不平,有动于心,必于草书焉发之。观于物,见山水崖谷,鸟兽虫鱼,草木之花实,日月列星,风雨水火,雷霆霹雳,歌舞战斗,天地事物之变,可喜可愕,一寓于书。故旭之书,变动犹鬼神,不可端倪,以此终其身而名后世"(《送高闲上人序》)。张旭之后另一位草书家怀素,李白赞他:"吾师醉后倚麻床,须臾扫尽数千张。飘风骤雨惊飒飒,落花飞雪何茫茫。"不难发现,评论家们的共识是:书法要写心,心只一处,所以必须合。一副好字,应当给予观者五感上的滋养,而不只是视觉,应当能看出书者的喜怒哀乐,各种情趣。这也就是程裕祯先生所说的注重神韵的技法。

书法艺术也体现了中国审美价值融合互通的精神。书法以笔法的曲直、行滞,章法的虚实、疏密,结构的奇正、主次,显示出"相反相成"的美感。总之,笔画不要雷同、呆板,要讲变化、互异、主次分明、虚实相间、刚柔并济,正中有奇、连中有断、连断自如、开合自成等等,才可谓书法艺术。

(四)书法在汉语国际推广中的应用

书法因书写工具相对简单、教学实践易操作、中华文化意蕴深厚、与语言要素教学联系紧密等特点在汉语国际推广中非常具有优势。

由于汉字的独特性,汉字的书写对于汉语作为第二语言学习者来说,一直是一个难点,尤其是对汉字文化圈以外的学习者来说,汉字的书写是非常困难的。其原因在于:第一,汉字的结构不同于拉丁文字,汉字是表意的方块文字,这使学习者并不习惯;第二,书写汉字还有一定的笔顺规则,初学者不容易掌握,导致写出来的字非常难看。而书法非常讲究用笔、章法、谋篇布局等,恰恰能作为汉字教学的重要辅助手段,可以为学习者掌握汉字提供一定帮助。

书法艺术教学对汉字教学的作用主要表现在:

首先,它能增强学习汉字兴趣。书法是富有美感的汉字,并在汉字中注入生命力,同一个字,用不同书体表达则会呈现出不同的形态,给人带来不同的视觉享受。书法正以其独特的变化和丰富的内涵来增强学习者对汉字学习的兴趣。

其次,能提高汉字学习能力。汉字教学是以"基本笔画—组合笔画—部件(独体字、偏旁)—组合字(非独体字)"这一体系来进行教学的。在中国传统的书法里,汉字的基本笔画为"永"字八法,即"点、横、竖、撇、捺、提、钩、折"。组合笔画是在基本笔画的基础之上衍生而来,由两个或两个以上的基本笔画组合而成。书法初学者借助米字格来规范汉字结构。米字格的外形是四方的,与方块汉字正好契合,再加上米字格内部的四条辅助线,可以帮助学生准确定位各笔画和部件的位置。这样利用书法艺术进行教学,能使学生在一定程度上克服恐惧心理,积极主动去学习汉字,会达到更好的教学效果。

再者,有助于学习者在学习汉字的同时了解中国传统文化。书法反映了中国人追求对称美的特征,它是中华文化的直观化、具体化表现,在书法的习得中可以体会到中华文化对美的这一认识和追求。

此外,当今社会生活中,在商标设计、招牌等诸多领域或多或少融入了汉字书法的元素,因此,书法学习能让学习者尽快、较好地融入当地生活,深入感受中国文化。

书法的教学可以从以下四个方面进行:

第一,正确掌握书写方式。从怎样握笔开始,形成正确姿态。从书写汉字的基本笔画"横、竖、撇、点、折"开始,强调笔画间相互组合,相互连接,相互呼应,使书写方式和书写效果相结合。学习者在了解书写笔画和部件组合方式的前提下,才可能正确临摹汉字,最终创作出有自己风格的汉字作品。所以,只有正确掌握汉字笔画和部件的规律,才能克服汉字的书写障碍,在书写中体会汉字之美和汉字笔画的千变万化。

第二,讲解书法文化。汉字的结构中正稳健,不同书法家作品表现出来的汉字品格不同,有飘逸清秀,有厚重沉稳,也有潇洒随性。应该让学习者了解书法作品的时代特征,书法家的创作背景及特点,让学习者更加了解汉字的魅力,如篆书的圆润,隶书的秀逸,楷书的方正,行书的流畅,草书的率性等。书法是用毛笔书写的抽象符号艺术,它融合了中国人的天人合一的哲学思想,反映了书写主体的精神、气质、学识和修养,书法不仅是文字的艺术创造,而且是书法家个性特点的体现。

第三,临摹名家作品。可以选择一些名家作品的字帖、图片等让学习者来临摹汉字,让他们通过临摹汉字感受汉字的结构和形式及汉字的美,以提高书写汉字的兴趣。通过临摹也可以培养学习者动中取静的气质,以及由书法的书写配合气息和书写的轻重缓急而体会到书法修身养性、培养心性的特点。

应用中国书法进行汉语教学,可以作为汉语学习的一种辅助形式,既能提高外国学习者学习汉字的积极性和主动性,也能使其深入了解中国文化,最终体现语言和文化传播的双重作用。

三、剪纸艺术

剪纸作为中国最为古老且流行至今的民间艺术之一,广泛流传于民间,郭沫若有诗云:"曾见北国之窗花,其味天真而浑厚,今见南方之刻纸,玲珑剔透得未有,一剪之趣夺神功,美在民间永不朽。"剪纸简单易学,通过学习在短时间可以做出精美的作品,欣赏自己的作品能给人带来快乐和成就感,因此,剪纸是非常能带给人乐趣的一项活动。将剪纸应用于汉语课堂,可以瞬间吸引学生的注意力,增加汉语学习的趣味性,让学生在这种文化体验中感知中华文化。

(一)剪纸艺术的发展历程

剪纸在中国历史久远,是一门古老的民间艺术,也是中国的标志性符号之一,并且一直伴随在中国历史发展进程中,处于生生不息的状态。剪纸常用于宗教仪式、居家装饰和造型艺术等方面,多用于装饰墙壁、门窗、房柱、镜子、灯和灯笼等,也可作为礼品点缀之用或是赠送他人礼物。2006 年 5 月 20 日,剪纸艺术被我国国务院批准列入《第一批国家级非物质文化遗产名录》。2009年 9 月 30 日,列入第四批《人类非物质文化遗产代表作名录》的剪纸艺术又被联合国教科文组织中保护非物质文化遗产政府间委员会审批通过。剪纸凭借操作简便、外形精美,具有丰富文化内涵及其广泛的适用性,正在走向世界。

剪纸作为一种农耕社会特有的民俗艺术源远流长,最早可以追溯到商代。据考证,当时有人用金银箔、皮革或丝织品进行镂空刻花制作装饰品。

最早的剪纸出现在西汉时期,汉武帝因思念去世的宠妃李氏,便请术士用麻纸剪了李妃的影像为其招魂。

东汉时期,纸的发明打开了剪纸文化发展的新纪元,这种更易普及的纸材料为镂花形式图案找到载体,从而诞生了剪纸艺术。

魏晋南北朝时期,剪纸的图案越来越丰富,有对猴团花、八角形团花、对马团花、忍冬纹团花、菊花形团花等。

唐代时期,用纸张剪纸非常普及,作品更加多式多样。宋代时期,许多出名的剪纸艺人出现了,有了"喜花""礼花",还有窗户上的窗花,巫师驱邪用的"龙虎旗",以至发展到皮影文化。再经过之后千百年的不断延伸发展,逐渐形成今天的剪纸式样。

现今剪纸不仅内容丰富多彩,而且色彩极大丰富,有单色剪纸、衬色剪纸、彩色剪纸等,同时题材丰富,主要有戏曲类、生肖类、喜庆类、祝福类等。剪纸的基本技法也非常多,如刺孔镂空法、开线镂空法、暗刀镂空法等各种技法。

剪纸风格大体上可分为南北两派:

北方以山西、陕西、河北、山东等地为代表,剪纸淳朴浑厚、豪迈粗放,变形

夸张,多采用块、面,线条简练概括,人物特征鲜明,风格朴素,单纯,明快,色彩浓艳;

南方剪纸以江苏、浙江、安徽、湖南、湖北、四川、广东、广西、福建等为代表,注重写实风格,秀丽、柔美、明快,工艺精巧,玲珑剔透,镂金彩绘,重装饰,因而加工复杂,工艺性较强。

(二)剪纸的文化内涵

剪纸内容丰富,通过谐音、象征、寓意等手法提炼、概括自然形态,构成美丽的图案。剪纸能寄托人们的美好愿望,有着丰富的文化意义。在寓意手法方面,剪纸艺术常用以表达福禄寿喜、花好月圆等吉祥祝愿,符合儒家所崇尚的和谐团圆精神。在象征手段方面,剪纸多采用明喻、暗喻、借喻等象征手法,而不是直白的情感表达,体现了道家含而不露的审美风尚。而在创作技法方面,剪纸艺术常用圆形构图、对称构图、阴剪、阳剪等创作手法,体现了中国传统思维中崇尚圆满、讲求平衡、物分阴阳的哲学观念。

剪纸在多个领域广泛应用,如节日、人生礼仪、景观设计、动画影视等。节日文化中,剪纸被广泛应用于春节、元宵节、端午节等重大传统节日。其中春节时,剪纸被作为中国人房屋的一种装饰品,被广泛地使用。按照春节习俗,每年的腊月二十三或二十四,人们就开始打扫家里的卫生,收拾地干干净净以迎接新年,通过贴窗花、墙花,尤其是张贴于大门上"福"字,将居所装扮地喜气洋洋,烘托出节日气氛,代表了人们一种欣欣向荣的愿望。在一些地方,还有七七乞巧节、三月谷雨、五月初五端午节等举办剪纸比赛活动的习俗。

在婚俗文化中,从古时候开始,红双喜剪纸就是新婚夫妇房间里不可缺少的装饰之一。此外,鸳鸯、喜鹊、圆月、盘合等图案也深受新婚夫妇喜爱,主要是因为这些图案的剪纸不仅起到装饰作用,而且还象征对美好生活的向往。

中华文化非常提倡注重礼仪,其中的寿庆文化为国人所广泛重视,剪纸因为能寄予美好愿望而常应用于寿庆场合。在创作剪纸的过程中,常剪一个"寿"字搭配松树、仙鹤或采用小孩子捧寿桃来给老人家祝寿。

中国美术电影创始人、著名动画艺术大师万籁鸣,1956年开始研究剪纸动画片,于1958年拍摄了中国第一部剪纸片《猪八戒吃西瓜》,此后他又完成了《大闹天宫》《渔童》《济公斗蟋蟀》《人参娃娃》《金色的海螺》等剪纸动画片,并先后在国内国际获奖,使剪纸片开拓成为美术片的新片种。

（三）剪纸与汉语学习

在剪纸艺术中，运用谐音是重要的作品表达手段之一，剪纸所剪的内容来源于生活，剪纸常用原形去代替有好的寓意的词，呈现出形象与词汇的转化，如用"莲花和鱼"的图纹代表"连年有余"；一只喜鹊站在梅枝上的图案代表"喜上眉梢"；用"鸡"代表"吉"、用"蝙蝠"代表"福"、用"鹿"代表"禄"等，都具有一定的文化属性，体现了汉语语音、词汇中的文化意蕴。在汉语教学过程中加入剪纸所用的谐音文化的内容，就会使语音教学达到事半功倍的效果。

将剪纸文化与汉字教学结合起来，能调动学习者的积极性，提高汉语学习的效率。在汉语中有一部分汉字是对称的汉字，例如春、王、口、大、双、人、囍等，在汉字教学的课堂上，把二者结合起来，可以培养学生对汉字的学习兴趣，增强课堂的趣味性。

将剪纸用于汉语学习的文化体验教学中，一边学习剪纸技能，一边亲身认知中华文化，提高汉语学习兴趣。虽然剪纸是一门才艺课程，但也可以从中学习汉语知识，尤其是学习汉语词汇和民俗文化。

剪纸内容丰富多彩，根据题材和内容的不同可以划分为很多方面，如十二生肖剪纸，可以认识十二种动物词汇及其背后的故事，了解生肖文化。通过参加每个不同题材的剪纸活动，能加强对这些词汇的记忆，进而在不经意中扩大了词汇量。

剪纸是由手工做成的，剪纸技法分为剪刀剪和刀刻两种。剪刀剪的工具为剪刀，剪完后把几张剪纸粘贴起来，然后再用锋利的剪刀对图案进行加工。刀刻是先把纸张折成数叠，放在由灰和动物脂肪组成的松软的混合体上，然后用小刀慢慢地刻画。和剪刀相比，刀刻的一个优势就是一次可以加工多个剪纸图案。对汉语国际推广教学实践中，剪纸因其技法相对简单、造价低廉、易于呈现而被较为广泛的应用，成为才艺课程或文化体验活动的主要内容。

四、中国结

中国结是中国特有的民族工艺，它造型精美，代表着一种美好祝愿，是中国传统文化的一部分。中国结寓意美好、制作简单，用于汉语国际推广中，在引起学习兴趣的同时能传播中华文化。

（一）中国结简介

中国结是一种中国特有的手工编织工艺品,是用彩绳进行绳结编织的艺术品,它作为古人所佩戴玉器的辅助装饰流行于民间,今天则多用来装饰室内、亲友间的馈赠及个人的随身饰物等。它是将一根绳子从头至尾地进行编织,结成各种吉祥图案,因其外观对称精致,可以代表汉族悠久的历史,符合中国传统装饰的习俗和审美观念,故命名为中国结。

据文献记载,中国结起源大约可以追溯到远古时期,当时的人们结绳是一种生存和记录的手段,从一些出土的古陶器上,可以看到许多结绳的图案。在人们的社会发展中,不断将结绳加以改造,慢慢变成一种造型美观的艺术品。

编织中国结主要的材料是线、棉、丝,色彩多样,有银、红、黄等颜色。中国结在设计上呈左右对称,造型非常多,常见的有双钱结、纽扣结、琵琶结、团锦结、十字结、吉祥结、万字结、盘长结、藻井结、双联结、锦囊结等多种结式。其中,琵琶结最为常见,经常用以做唐装和旗袍的装饰纽扣;团锦结因外形类似花形,常镶嵌珠石,非常美丽,所以多用作配饰的装饰;吉祥结是十字结的一种,有吉利祥瑞之意,编法简易,多用于室内装饰,受到广泛喜爱。

（二）中国结的文化内涵

中国结体现中华民族文化的精髓,有着丰富的文化内涵。

首先,"结"是"吉"的谐音,代表着中国人对吉祥如意的美好诉求,因此,"结"字也受到人们的喜爱。

其次,中国结有凝聚、结合的意思,体现着中国人以"和"为贵的传统思想,中国文化提倡团结、和谐,中国人相信团结凝聚在一起,可以战胜任何困难,赢得成功。

再次,中国结因其造型体现出中国古代的文化信仰及浓郁的宗教色彩而有着丰富的含义,表达了人们追求真、善、美的良好愿望。如在新婚的帖钩上,装饰一个"盘长结",寓意一对相爱的人永远相随相依、永不分离;在佩玉上装饰一个"如意结",引申为称心如意,万事如意;在扇子上装饰一个"吉祥结",代表大吉大利,吉人天相,祥瑞与美好;在剑柄上装饰一个"法轮结",有如轮转行、弃恶扬善之意。

不同中国结的寓意见表 8-1:

表 8-1

结饰形状	文化内涵
双蝶结	比翼双飞
如意结	万事称心,吉祥如意
团锦结	花团锦簇,前程似锦
祥云结	祥云绵绵
双喜结	双喜临门
团圆结	团圆美满
双钱结	财源广进,财源亨通
双鱼结	吉庆有余
盘长结	相依相随,永无终止,长寿百岁
平安结	一生如意,岁岁平安
同心结	恩爱情深,永结同心
鲤鱼结	吉庆有余
吉祥结	吉人天相,祥瑞美好
藻井结	方正平整,井然有序
寿字结	人寿年丰,寿比南山
花篮结	花样年华,如花似玉
法轮结	如轮转行,惩恶扬善

(三)中国结在汉语国际推广中的应用

中国结不仅造型多样精美、色彩鲜艳明快,还有着丰富的寓意,它独特的编制技法,吸引着许多国外的汉语学习者。将中国结应用于汉语国际推广中,从编织技能中不仅能深入理解中华文化,而且能学习相关语言知识。对中国结的学习应从三个方面进行:

1.学习中国结的基本文化知识

通过教师展示中国结的图片或影像,认识中国结,对中国结的起源和所表达的寓意加以说明,理解中国结的文化内涵。中国结承载着中国人以"和"为贵的理念,表达着中国人热爱和平的愿望,在这个全球化的年代里,中国坚持以"和"为贵的共同发展理念,倡导国家间友好平等相处,共同发展,为全人类造福。

2.学习中国结的编织技能,学习相关语言知识

词语学习:"结"的含义及延伸。

结:a.条状物打成的疙瘩。b.表示聚、合的意思。

在汉语中,"结"被多愁善感的人们赋予了各种情感愿望,有许多延伸的含义。

与向心性聚集的事情相关的词语:结义、结社、结拜、结盟、团结等。

与男女之间的婚姻大事相关的词语:结亲、结发、结婚、结合等。"同心结"自古以来就成为男女间表示海誓山盟的爱情信物;"结发夫妻"也源于古人洞房花烛之夜,男女双方各取一撮长发相结以誓爱情永恒的行为。

与事物有始就有终相关的词语:结果、结局、结束。

与结有关的古代诗词歌赋:

"心圭结而不解兮,思蹇产而不释"是战国时屈原在《楚辞·九章·哀郢》中的诗句,作者用"圭而不解"的诗句来表达自己对祖国命运的忧虑和牵挂。

晋朝的刘伶在《青青河边草篇》中写道:"梦君结同心,比翼游北林"。

唐朝诗人孟郊的《结爱》:"心心复心心,结爱务在深,一度欲离别,千回结衣襟。结妾独守志,结君早归意。始知结衣裳,不如结心肠。坐结亦行结,结尽百年月。"

梁武帝有"腰间双绮带,梦为同心结"诗句。

宋代诗人林逋有"君泪盈、妾泪盈,罗带同心结未成,江头潮已平"的诗句。

中国人在表达情爱方面往往采用委婉、隐晦的形式,"结"便成了男女相思相恋的信物,将那缕缕丝绳编制成结,赠予对方,万千情爱、绵绵思恋也都蕴含其中了。

总之,中国结是中国特有的一种民族手工艺品,它代表的是广大人民对于未来的美好祝愿,更代表着中国传统文化的一部分。在汉语国际推广中对中国结进行相关的介绍,不仅可以加强传播中国文化,而且能提高学习汉语的兴趣。

五、中华武术

从 20 世纪六七十年代以来,李小龙通过其"功夫片"将中国武术爆发式地推向全球,其推广中国武术文化的力度和效果可谓空前绝后,当提到"Bruce Lee"的时候,几乎无人不知,且崇拜之情马上溢于言表。随着李小龙主演的武打影片大获成功,海外刮起了一股中国功夫风,"功夫"(KungFu)一词开始出现在外文词典中。中国功夫片将中华武术推向世界,通过大量的影视作品向世界展示着中国武术的神奇和强大,武术背后的中国传统文化成功地吸引了大量的外国爱好者,特别是青少年,中国功夫成为他们成长的一部分。今天,中华武术几乎成了中国的名片,是吸引外国人来学习中国文化和汉语的一个重要因素,将武术应用于汉语国际推广中,不仅有助于汉语的学习,而且有助于中华文化的传播。

(一)中华武术简介

中华武术是最具有中国特色的一项体育运动项目,伴随着中华民族五千年的文明史产生发展,是习武者智慧的结晶,被视为中国的国粹,它涵盖了中国哲学、传统医学、养生学、美学、军事文化等内容,是中华文化重要的组成部分。在中国文化"中庸""中和"的价值观念下形成的中华武术,具备了注重内外兼修且讲究攻防兼备,以技击为主体,以和合观为宗旨,突出以德会友、谦虚、礼让,反对争强好胜的特点。人们在习武过程中会养成习武先习德、寓武以道、先礼后兵、刚健有为、自强不息的中华民族精神。

中华武术起源于远古时期人们捕猎的击刺技巧、攻防姿态和动作,在经历了几千年的发展,逐步形成了自身所具有的独特样貌与特点。在原始社会、奴隶社会时期,不同阵营练兵作战以及对剑、刀等武术工具的使用被应用于部落和国家之间的征战,这时形成了武术的雏形;封建社会时期,武术得到进一步的发展;到了近代,为抵御外辱,武术具有较强对抗的意识;而在现代社会中,武术更多地被赋予健身意识。时下人们习练武术除了防身外更多的是达到锻炼身体的效果,因此,武术慢慢演变成一种体育项目。中华武术首次在奥运会上亮相是 1936 年赴柏林参加表演,让世界开始重新了解中国武术。1956 年中国武术协会成立,为武术的发展奠定了组织基础。1985 年,武术发展取得历史性的突破,首届国际武术邀请赛在西安举行,并成立了国际武术联合会筹委会。1987 年在横滨举行了第一届亚洲武术锦标赛。1990 年武术首次被列入第十一届亚运会竞赛项目。1999 年,国际武联被吸收为国际奥委会的正式国际体育单项联合会成员,武术发展进入新阶段。

(二)中华武术的文化内涵

中华武术是中国传统文化的重要组成部分,受到儒释道等思想的很大影响。由于受到儒家"仁"的思想影响,武术特别讲究武德,其表现在"仁、义、礼、信、勇"等方面,体现了中华民族友好、善良、热爱和平的美德。武术推崇"未曾习武先习德"、比武时"点到为止",体现了对阵双方之间的互相尊重以及宽容与和谐。在武德的具体表现形式方面,武术的抱拳礼被赋予了深刻的儒学思想内涵。抱拳礼的寓意是右手为拳,表示崇尚武术;左手为掌,表示尊重武术道德;左手四指并齐,表示五湖四海是一家;左手大拇指内扣,表示无论武术高低,尊重每一个习武之人;右拳掌也向外,表示没有携带暗器,寓意公平竞争。中国武术中最有代表性的太极拳,把道家太极思想、阴阳学说和天人合一的理论作为自己的哲学思想,同时将中医理论和武术融合为一体。太极拳的每一个动作都体现出圆的特点,在进攻中则强调曲线进攻的原则。太极拳所蕴含的中国武术文化的特性,集中体现了中国人特有的思维方式和价值观。以武术作为汉语国际推广教学辅助手段对于中国文化的传播具有很好的促进作用。

2008年以来美国好莱坞推出的《功夫熊猫》系列,将惩恶扬善、杀富济贫的武侠文化,宽容忍让、尊师重长的武德情操,反抗压迫、勇敢斗争的尚武精神,天下兴亡、匹夫有责的爱国主义,以武会友、天下一家的包容胸怀等诸多中华武术的文化内涵进行了影视化的建构与解读,获得了海内外广大观影者的喜爱,客观上促进了世界不同国家的人们对中华武术的了解。

(三)中华武术与汉语学习

武术和汉语作为中国传统文化的载体,两者在教育方面相辅相成,因此可以将二者和谐有机地结合起来,以武术提升汉语学习的趣味、丰富汉语学习的内容,让汉语推动武术在世界的发展与传播,让更多的人深入了解并学习中国武术,体会中国传统文化的韵味。在汉语教学中进行必要的武术文化教学,既是学生掌握中国文化、提高学习效率的有效方法,也是汉语语言推广和文化传播的内在要求。

1.武术中的汉字学习

汉字中有大量包含武术文化信息的字,在武术的学习中对这些汉字进行解析,可以提高汉字识记和理解的效率。如"武""拳""勇"等。

武:止戈。甲骨文为足之形,戈为古代兵器,"武"字本义为"举着兵器行进",有征伐、征讨、威武等意思。从字形组成看,"武"字由"止"与"戈"组成,意为传达"止戈为武""停止干戈"的思想。《左传》中记载,潘党曰:"臣闻克敌必示子孙,以无忘武功。"楚庄王回答:"非尔所知也。夫文,止戈为武。"在这段对话中楚庄王解释了"武"字是由"止"和"戈"两字合成的,它的真正含义是消灭暴乱,永远停止动用武器,才是真正的武功。

拳、掌:形声字,上声下义。又,二字上部或兼形义,卷手为拳,敞手为掌。本义为人的手攥紧和张开的两种状态,后用来代指一门武术技艺。

2.武术成语、典故、谚语讲解

成语、典故、谚语等常常与一个历史事件、人物或故事相连,包含了丰富的文化信息,是汉语里的精华,其形式简练,但表达形象生动,通过简短的语言表达复杂、难于表述的意义。

有关武术成语:"一箭双雕""刀光剑影""闻鸡起舞"等。

有关武术典故:"桃园结义""项庄舞剑,意在沛公""狭路相逢勇者胜"等。

有关武术谚语:"曲不离口,拳不离手""练拳不练功,到老一场空""冬练三九,夏练三伏"等。

3.学习与武术有关文化知识

中国传统武术文化以独特的人文表现有规律地分布于各地区,与地理要素、历史和人物有非常重要的关系,因此可以通过图片、视频短片等形式介绍中国的武术地理分布,如武当的太极、嵩山的少林寺、峨眉派、南拳北腿武术派系的形成和分布等等。也可以重点介绍对于武术发展传播产生重大影响或做出巨大贡献的武术人物,如历史上抗击外侮的卫青、霍去病、岳飞、戚继光等,近现代爱国武术家霍元甲、叶问、陈真、李小龙、成龙、李连杰等。

总之,中国武术是中国文化的典型和优秀代表,已经渗透到了传统的价值观念、知识、信仰、艺术、宗教、风俗习惯、风尚、生活态度和行为准则等中国人生活的方方面面。由于武术具有健身、养生、技击、表演等多种功能,它的实用性和趣味性容易为学习者所接受和喜爱并能引起学习汉语和中华文化的兴趣,所以武术文化教学也是推进汉语教学和中国文化推广的良好载体和手段。在汉语课堂中引入武术文化教育,是提升对外汉语教学水平和质量的有效途径之一。

六、中国音乐

音乐是人类表达情感的符号,是用声音表达思维想法、传递情感的一种方式。中国音乐作为中华文化的一个组成内容,是语言学习者了解中国文化的渠道之一。将中国音乐与汉语国际推广相结合,用中国传统音乐和流行音乐引导学生学习汉语,激发学生学习汉语的积极性,既能促进其汉语能力的提高,最大化发挥中国音乐对于汉语学习的辅助作用,又能使其通过学习中国音乐知识,加深对中华文化的理解。

(一)中国音乐简介

1.中国音乐的历史

中国音乐分为中国古代音乐、中国近代音乐、中国当代音乐三大部分。

(1)中国古代音乐

中国古代音乐部分分为远古时期(周朝以前)、中古时期(秦—隋唐)、近古时期(宋—清)。

①远古时期:中国音乐历史可追溯到新石器时代。2001 年在我国河南省舞阳贾湖遗址出土的八千年前用鹤骨打孔制成的七孔骨笛可以说是现今世界上已发现的最古老的乐器。从同一时期出土的陶埙、骨哨中可以看出,音乐起源于劳动,其内容大多与先民们的狩猎、畜牧、耕种等生活有关,如葛天氏之乐等。这些音乐曲调简单,节奏是其主要因素,它与原始舞蹈、诗歌紧密地结合在一起。其后出土的夏、商、西周等时代盛行的鼓、编钟、磬等,再现了那一时期极其丰富的音乐文化。当时音乐以五声音阶为主,并也出现了七音乐器和作品。

西周时期宫廷首先建立了完备的礼乐制度,在宴享娱乐中不同地位的官员规定有不同的地位、舞队的编制。同时还有采风制度,收集民歌,以观风俗、察民情,并形成了我国第一部诗歌总集——《诗经》。周朝时期流传着伯牙与钟子期的"知音"故事和名曲《高山流水》,以及对民间歌女韩娥的歌声"余音绕梁,三日不绝"的赞美。

②中古时期:汉代建立专门搜集、编制音乐的政府部门——"乐府",后来"乐府"一词逐渐演变为带有音乐性的诗歌体裁。现存最古老的乐谱是东汉元嘉年间五弦木简琴谱,其曲调优雅古朴,被视为国宝,珍藏在敦煌文物研究所。

三国、两晋、南北朝时期,随着丝绸之路的畅通,西域诸国的歌曲已开始传入内地,各民族的音乐文化出现了最早的融合,天竺音乐、鲜卑音乐、凉州的音乐和另外一些外族音乐也随之传播了进来,给中国传统音乐注入了新的元素。

古代音乐在隋、唐时期达到巅峰,在物质生活得到保障后,以音乐为代表的精神文化成了他们生活、娱乐的主要项目。随着多元文化的渗入,唐代音乐非常繁荣,音乐教育也开始萌芽,出现了许多音乐教育机构,如梨园、教坊、大乐署。成书于公元894年左右,段安节著《乐府杂录》是最早的音乐史书,同时出现了《乐书要录》和《教坊记》等音乐专著。

③近古时期:此时民间普及程度已非常高,既有高雅音乐又有民间小调,地域音乐特色异彩纷呈,民族音乐形式种类丰富多彩。

宋、金、元时期,以市民音乐的勃兴为重要标志,“瓦舍”“勾栏”应运而生。宋代词调音乐获得了空前的发展,这种长短句的歌唱文学体裁可以分为引、慢、近、拍、令等词牌形式。元杂剧代表了戏曲艺术的高峰。典型作品如关汉卿的《窦娥冤》《单刀会》,王实甫的《西厢记》等。

明清时期说唱音乐异彩纷呈。其中,南方的弹词、北方的鼓词以及牌子曲、琴书,同时出现蒙古说书、白族的大本曲等少数民族说唱曲。这一时期歌舞音乐在各族人民中有较大的发展,如汉族的各种秧歌,维吾尔族的木卡姆,藏族的囊玛,壮族的铜鼓舞,傣族的孔雀舞,彝族的跳月,苗族的芦笙舞,等等。明清戏曲音乐出现了新的发展高峰,涌现出许多经典巨著,如明汤显祖的《牡丹亭》、清洪昇的《长生殿》等。晚清时期由西皮和二黄两种基本曲调构成的皮黄腔,在北京初步形成,由此产生了影响遍及全国的国粹——京剧。

(2)中国近代音乐

近代以来,中国沿海口岸被迫开放,西洋音乐随着洋人大量涌入我国而大规模传播开来,民间开始吸纳西洋音乐元素,形成中西结合的特色音乐曲风。20世纪初,许多留洋音乐家陆续回国,传授西方音乐基础知识。这个时代,传统音乐与西洋音乐猛烈碰撞,相互结合产生出了许多脍炙人口的通俗音乐,尤其是电影音乐的流行,如《天涯歌女》《渔光曲》等,可谓家喻户晓。

从1919年起,在北京、上海等城市建立起各种音乐社团,如北京大学音乐会、中华美育会等,是中国最早的一批音乐“学校”。1919年1月成立的中国第一个大型音乐新社团是北京大学音乐研究会,并出版了《音乐杂志》等刊物。中国第一个音乐学的理论家是王光祈,著有《中国音乐史》《东西乐制研究》《东方民族之音乐》等,对我国的民族音乐遗产保护和传扬,起到了积极的作用。中国第一部管弦音乐作品是萧友梅的《新霓裳羽衣舞》曲。中国第一本音乐杂志是1906年李叔同在日本编辑出版的音乐期刊《音乐小杂志》。

20世纪上半叶,在抗日战争中,一大批表达中国人内心愤怒与斗志的音乐作品出现,统称为革命歌曲,如聂耳的《义勇军进行曲》、冼星海的《黄河大合唱》等。革命歌曲中不仅有在西洋音乐基础上填词创作的作品,也有改自传统民歌的革命作品。这个时代的音乐风格强烈,特征明显,十分具有时代特色。

（3）当代音乐

20 世纪 70 年代以来，中国开始走改革开放的道路，世界各国文化元素涌入国内，港台地区音乐的兴盛，日韩音乐和欧美音乐的引进和影响，为我国流行音乐的极大发展提供了充足的养分，中国当代音乐开始结合世界上的不同音乐风格、创作理念和技巧方法，创作出一大批有新的风格的音乐作品；同时，伴随着中国音乐的"走出去"，中国民歌开始受到世界范围的关注。

2.中国音乐分类

中国音乐主要分为民间音乐、宫廷（皇家）音乐、文人（诗词）音乐、宗教音乐等几大类。民间音乐的内容比较广泛，主要包括汉民族和少数民族音乐的民歌、传统民间器乐以及说唱形式的音乐。宫廷（皇家）音乐是指在历代封建王朝中，在宫廷内部或朝廷仪式上为宫廷统治者而演奏的音乐。文人（诗词）音乐同中国古代的诗词等文学形式结合，是诗词和音乐相互影响和协同发展的产物。宗教音乐涉及中国古代历史上关于佛教和道教的音乐，其中佛教音乐与印度和西域地区音乐密切相关。

3.中国音乐文化内涵

中国音乐文化内涵包括：

第一，中国古典音乐受到儒家文化的影响，成为一种"礼"的音乐形式，尤其以宫廷（皇家）音乐为代表，并且对后世的中国音乐影响巨大。

第二，中国古代音乐由于受到诸子百家不同理念、不同观点的综合影响，逐渐形成"中""和""天人合一"等审美价值观。

第三，中国古代音乐同中国人性格与精神有着相辅相成、相互影响的关系，从中国音乐中可以透视出中国人内敛、含蓄、忠诚、家国情怀等许多民族精神特质。

4.中国音乐的特征

中国古典音乐主要采用五声音阶，就是 1 宫（gōng）、2 商（shāng）、3 角（jué）、5 徵（zhǐ）、6 羽（yǔ）。

中国古典音乐的特征是线性的，讲究前后关联，但又相对独立，注重"气息"和"意境"的烘托。从艺术层面说明，中国古典音乐受儒释道的影响，讲求个人主观上的理解和领悟。中国古典音乐侧重对自然、对儒释道的表达，偏文学，比较主观。中国古典音乐表现出幽远、寡淡、无穷无尽的味道，追求一种

"天人合一"的意境。

中国当代音乐特征是多样性的,特别是所谓的"中国风"音乐,在借鉴西方音乐乐理和表现形式的同时,较好地继承了中国传统音律编曲,使用具有中国民族色彩的乐器来伴奏,并加入了具有古香古色意味的词作,使中国音乐焕发出新的生命力。

5.中国传统代表乐器介绍

中国传统乐器种类丰富,按照通识的乐器分类,大致上可分为吹奏乐器、弹拨乐器、打击乐器、拉弦乐器四类。吹奏乐器的代表有埙和箫;弹拨乐器的代表有琵琶和古筝;打击乐器的代表为编钟;拉弦乐器的代表为二胡。

埙是一种吹奏乐器,大概有七千年的历史。传说是中国的古代人用石头投掷猎物时,发现有洞的空心石头能发出声音。于是古代人受到启发,用嘴去吹这种石头,居然能吹出不同的声音,慢慢地就拿来当作乐器。后来随着技术的发展,有人就专门用土来烧制这种乐器,埙也就成了固定的乐器。

箫也是一种吹奏乐器。传说也是古代人发现有些动物的骨头上有洞,能吹出来声音。后来有人用竹子做成乐器,也就是我们今天所看到的箫。箫是竖着吹的,声音较为低沉。箫具有洒脱、高雅、幽静、深沉的人文气质。

编钟是中国古代皇家宫廷音乐常用的打击乐器。编钟在中国古代除了作为宫廷乐器,还是等级和权力的象征,因此有些编钟上会记录文字,其中曾侯乙编钟,分上、中、下三层编列,总重量达五千余公斤,总音域可达五个八度,反映了周代乐律学的高度成就。

二胡是一种起源于中国唐朝的拉弦乐器,携带方便,音域广,在民间流传甚广。制作材料多用木质,音色风格自然、随和,表达内涵偏主观,重"意境"。

(二)中国音乐在汉语国际推广中的优势

音乐作为一门世界性的语言是无国界的,它在带给人们精神享受的同时,能传播不同的文化,并引起共鸣。在汉语国际推广中引入中国音乐教学,可以让外国汉语学习者在潜移默化的整体感知中增强汉语语感,完成其汉语学习和习得的过程,提高其汉语学习的效率,同时通过中国音乐旋律和歌词的独特魅力了解和认知丰富多彩的中华文化。

第一,中国音乐教学能够营造轻松活跃的课堂气氛,提高学生学习汉语的兴趣。音乐是深受大众喜爱的一种艺术形式,将中国音乐引入汉语国际推广教学中,可以改变传统单一的教学模式,营造一种活泼欢快的课堂氛围,从而降低学生的畏难情绪。选择中国音乐作为教学内容,比起单纯的汉语教学,不会让学生觉得枯燥无味。播放优美的音乐,能在舒缓学生疲劳的同时,吸引学生的注意力,学生可以相对容易地吸收中国音乐的精华,借助中国音乐的旋律和节奏感而内化为语言输出,汉语教学效果因此得到改善。在中国音乐中有一些中文歌曲具有极其优美的旋律,在音乐较强的感染力和学习者的好奇心驱使下,一些外国朋友会学唱中文歌曲,继而激发学习汉语的兴趣。

第二,中文歌曲的教与学,能帮助学生训练听力、积累词汇、巩固语法。听力能力是语言学习必备技能之一,但是由于汉语听力课上的听力材料过于乏味沉闷并且语速过快等原因,往往造成学习者听不清、听不懂,很难提高学习的积极性。而音乐对锻炼学习者的汉语听力语感有很大的作用,一首优美的歌曲,能让学习者多次聆听,在潜移默化中训练了听众的听力。

汉语语音的声调是汉语学习的一个难点。声调不准确,会使人不明白汉语学习者要表达的内容,也是学习者不愿开口说汉语的原因之一。对于声调难以掌握的问题,中国歌曲学习能在很大程度上给予改善。在歌曲学唱中,能够在一定程度上纠正发音问题,有利于解决学生"吐字不清"的现象。在实际教学过程中,汉语语音中轻声、变调、儿化等音变现象通过对中国歌曲反复地欣赏和模仿,外国学习者可以更容易地调整自己的汉语发音。

在中国歌曲中,对歌词的学习不仅能扩大词汇量,而且还能学到语法知识。语法是汉语中较难掌握的部分,汉语学习者常感到枯涩难懂。但在学习歌词的过程中,这些抽象的语法规则形象化、具体化,能够帮助学生更好地理解所学内容。同时,借助歌曲的旋律以及歌曲背后的情感可以加深学生对歌词文本中语法规则的理解与记忆。

第三,中国音乐教学有助于传播中华优秀文化。汉语国际推广教学的目的不只在于教授第二语言学习者语音、词汇、语法知识,更重要的是传播中华文化,让学习者更好地了解中国。中国音乐是中华文化的一个重要载体,它反映了中华民族不同时代的生活现实。它包含着悠久的历史和深厚的底蕴,兼容并包、博大精深,能够将中国文化中特有的"天人合一""礼""和"等思想,通过音乐的形式表现出来。每个音乐作品都蕴含着独特的文化背景,淋漓尽致地展现着中国传统文化审美意趣的含蓄美。如:著名古琴曲《高山流水》,写出伯牙与子期的深挚友情;古筝曲《渔舟唱晚》中,描绘了夕阳映照下万顷碧波,渔民们悠然而归,渔船随波渐远的怡然景象;现代流行音乐中融入中国文化的"中国风"歌曲也在当代歌坛中获得独一无二的地位,如《卷珠帘》《千里之外》等,完美地将婉转清扬的旋律和富有诗意的歌词融合在了一起。将音乐引入汉语学习的课堂,以音乐为媒介,将语言和文化连接起来,使外国学习者通过音乐感受到中国文化的审美取向,进一步感知中国文化的独特魅力,有助于外国学习者在学习汉语的过程中,更深层次地感知与掌握汉语,理解并尊重中国文化。

中国音乐教学集语言学习、文化传播于一体,将音乐与语言、文化的学习有机结合起来,因此,中国音乐教学不仅能够创造出一个轻松愉悦的课堂,减轻学习者的压力,而且可以增强汉语课的知识性、趣味性,并能更好地激发学习者对汉语文化的兴趣和传播中华文化的动力。

(三)中国音乐内容的选取

作为一种重要的艺术形式,由于其自身具有的特殊魅力,中国音乐在跨文化交际和汉语教学中减少了文化交流的阻力和隔阂。将中国音乐应用于汉语国际推广教学中,可以充实已有的文化教学,使教学内容更加丰富。针对学生的汉语水平、情感认知,在不会造成文化冲突的基础上,选择积极向上,有明确指向性的音乐,能够帮助外国汉语学习者提高学习汉语的效率。选取一些具有中国文化显著特点的中文歌曲、器乐音乐和歌舞音乐,让学生在欣赏音乐的同时,感受中国文化的旋律与辞藻之美,增加学习者学习汉语文化知识的广度和深度。

在选择中要遵循两个原则:

第一,注重知识性、趣味性。要选取可以使学习者增加学习兴趣的、富有中国特色的音乐,避免单纯的汉语教学所带来的枯燥和乏味,从而使学生更深层次地了解中国文化。

第二,有助于提高汉语语言方面的学习。通过中国音乐文化课中的技能学习,如中国歌曲的演唱练习,可以让学生在体验中国音乐文化的同时锻炼自己的语言输入与输出能力。

1.中国名曲介绍

中国十大古曲:

《高山流水》,著名古琴曲,讲述伯牙与钟子期结成知音的故事。

《广陵散》是我国古代的一首大型器乐作品,汉魏时期相和楚调组曲之一。"竹林七贤"之一嵇康临刑前曾从容弹奏此曲以明志。它蕴含了一种蔑视权贵、愤恨不平的情绪。

《平沙落雁》是一首展景抒怀的琴曲,借鸿雁之高飞远翔,抒发和寄托人们的胸臆,体现了古代人民对祖国美丽风光的歌颂与热爱。

《梅花三弄》是中国古典乐曲中表现梅花的佳作。

《十面埋伏》是一首著名琵琶曲,堪称曲中经典。以楚、汉垓下决战为背景创作,向世人展现了一幅生动感人的古战场画面。

《夕阳箫鼓》是一首抒情写意的琵琶曲,旋律优美流畅。1925年前后,上海大同乐社根据此曲改编成丝竹乐曲《春江花月夜》,通过动与静、远与近、情与景的结合,使整个乐曲富有层次,高潮突出,所表达的诗情画意引人入胜。

《渔樵问答》是一首古琴名曲,反映的是一种隐逸之士对渔樵生活的向往,希望摆脱俗尘凡事的羁绊。

《胡笳十八拍》是一首古琴名曲,乐曲以十分感人的乐调诉说了蔡琰一生的悲惨遭遇,反映了战乱给人民带来的深重灾难,抒发了主人公对祖国、对故土的深沉思念及骨肉离别的痛苦感情。

《汉宫秋月》乐曲表现了古代宫女哀怨悲愁的情绪及一种无可奈何、寂寥清冷的生命意境。

《阳春白雪》是由楚国著名歌舞家莫愁女在屈原、宋玉的帮助下传唱开来的,至今已有两千多年的历史。现存琴谱中的《阳春》和《白雪》是两首器乐曲,相传这是春秋时期晋国的师旷或齐国的刘涓子所作。

中国近现代名曲有:刘天华的《二泉映月》,马思聪的《思乡曲》,聂耳的《义勇军进行曲》,冼星海的《黄河大合唱》以及陈钢与何占豪的《梁祝》小提琴协奏曲等。

2.中国少数民族歌曲、舞蹈介绍

中国少数民族经典歌曲:《掀起你的盖头来》(维吾尔族民歌)、《山丹红花开》(回族民歌)、《杵歌》(高山族民歌)、《道拉基》(朝鲜族民歌)、《小河淌水》(彝族民歌)、《有一个美丽的地方》(傣族民歌)。

中国少数民族经典舞蹈:蒙古族的安代舞、苗族芦笙舞、藏族弦子、哈萨克族孤雁舞、朝鲜族农乐舞、傣族孔雀舞等。

3.中文歌曲

歌曲作为音乐、语言、文化的统一体,具有艺术性、审美性、趣味性等特点,优美的歌曲非常有助于提高听力和口语能力。因此,在语言的学习中借助歌曲教学,可以让第二语言学习者在轻松愉悦的氛围中加深对歌曲文本的记忆,提高学习汉语的兴趣,形成一个良性循环的学习机制。

（1）提高汉语学习效率

第一，中文歌曲可以激发汉语学习的兴趣。从语言学习的一般规律来看，初学者的积极性较高，能够受动机驱使而主动学习，但语言的学习过程是枯燥乏味且漫长的，尤其是汉语被认为是较难学的语言，在深入学习的过程中，不可避免会产生厌烦等负面情绪，从而影响汉语学习的进度。而适当地引入中文歌曲，将学习汉语歌曲既当成学习任务，又当成娱乐项目，边唱边学，边娱乐边习得，在寓教于乐中学习汉语，这样既可以调整学习汉语的负面情绪，又能激发他们学习汉语的兴趣。将中文歌曲引入第二语言课堂教学中，可以改变教师为主导学生被动学习的教学方式，歌曲所具有的韵律和节奏，能带动学生积极参与，将会极大增加学生学习的主动性。

第二，将中文歌曲引入汉语课堂教学，可以提高课堂的互动性，活跃课堂，在学习中提高听力和口语能力。利用学唱歌曲的方法学习，可以让学生沉浸在轻松愉快的氛围中，以轻松良好的心态学习汉语，歌曲的旋律又是朗朗上口的，反复地学唱歌曲，在此过程中可以不断纠正发音，培养正确语音，尤其解决声调难学的问题。

第三，通过对歌词的学习，可以提升学生汉字认读能力。歌词载体比较特殊，其中可能用到多种修辞手法，句式新奇，对汉语学习有一定帮助。同时歌词学习能增加词汇量、培养语感、纠正汉语发音。

（2）歌曲的选取原则

中文歌曲的种类繁多，教师在教学歌曲的选取方面应具有较强的判断力，针对不同级别的学习者因材施教，应选择具有优美的旋律、有韵味的歌词，并且广为流传的歌曲，最大化地将语言、音乐与文化相结合，让学生多角度地学习汉语，了解博大精深的中华优秀文化。

注重歌词：选取的中文歌曲的歌词应简单易懂，生僻字词少，常用字词多，句子短且重复率高，词汇和语法规整，最好押韵，且易于记忆。

注重歌曲旋律：最好选取国内外都熟悉的旋律，因为有些脍炙人口的歌曲常常会被不同国别的歌手翻唱。选取这样的歌，学生熟悉旋律，更容易引起共鸣和兴趣，同时会把更多精力放到歌词的学习和记忆上，更注重歌词中出现的语言知识和文字后的文化常识。

注重歌曲素材：歌曲的选择应注重价值观正确，避免引起文化冲突。曲风应符合人类普遍共识，如表达真诚友谊、真挚情感、积极向上、激发斗志的歌曲。

（3）歌曲选取类型

第一类：儿童歌曲，适合初级水平阶段并且年纪较小的汉语学习者。

　　儿歌具有语言通俗、简单易学、韵律感强等特点,很容易被初级阶段且年纪较小的汉语学习者习得。儿歌有很强的韵律感,因此流传范围广、时间长,是一种好听、好读、又好记的文学形式,对语言学习帮助很大。把儿歌引入课堂,能够帮助初级学习者以轻松的方式学习汉语,了解、体验中华文化。同时,儿歌的趣味性极强,尤其是对年纪较小的学习者来说,有趣的课堂氛围将直接影响学习效果,儿歌能够有效调动学习氛围,提高学习汉语的主动性、积极性、自觉性。在儿歌教学课堂中,初级学习者可以在尽情享受快乐的同时汲取特定知识,在心理上建立对中华文化的亲近感。

　　儿歌数量繁多,因此要结合学生的年龄、理解能力,选取难度适宜的歌曲进行教学,切不可选择太难的歌曲,超出了学生可理解的范围,将会打击学生对学习的兴趣。儿歌内容应贴近学习者生活和现实社会,将儿歌的内容性和趣味性统一,同时针对初级阶段学习中语音教学的重要性,选择读音朗朗上口、词汇使用规范的歌曲。在教学中教师要按照循序渐进的方式授课,遵循先易后难的原则,使学生逐渐领悟汉语的魅力。

　　第二类:流行歌曲,适用于中级水平阶段的学习者。

　　流行歌曲反映了一种时代文化,具有鲜明的时代性、群体性、时尚性,是一种引领时代风尚的方式。其在一定程度上客观地反映了社会文化的发展态势,影响到同时代人们的价值观和人生观。传唱最广泛的流行歌曲具有曲调旋律流畅、歌词易学易记的特点。流行歌曲除了具有时代性的特征外,还蕴含着深厚的文化内涵,崇高积极的道德准则和人生哲理,给人一种健康向上的精神动力,以及对美好未来的向往。流行歌曲来源于网络、电影、电视剧和大学校园等,其传唱度较广,被认知程度较高。

　　今天,流行歌曲已然是中国歌曲的主流形式,数量非常多,但良莠不齐。歌曲教学不仅是教习汉语,也是传播汉语文化的平台,因此在选取流行歌曲进行教学时,要仔细甄别,选择具有积极意义、主题健康向上的歌曲,能够贴近学生现实生活、符合学生认知,目的是让学生能够学以致用,将积累起来的词汇语句灵活运用到日常人际沟通中,最终锻炼学生的口语交际能力。此外,还要注意选取具有一定语言点、知识点的歌曲,以配合语言教学。在具体的教学过程中,结合所选歌曲进行背景介绍,对其内容适当地做讲解、练习、拓展,以促进学生对语言的吸收,丰富学生的文化知识。

　　许多流行歌曲非常适用于汉语教学,例如《龙的传人》可以让学习者认识中国的"龙"文化;通过对《说唱脸谱》歌曲的学习,可以介绍中国的国粹——京剧;通过《爷爷泡的茶》一曲,可以帮助学生了解中国的茶文化;周杰伦的歌曲

《双截棍》是对中华传统武学的弘扬;通过《月儿弯弯照九州》学习的是中国人对月亮的情感寄托和有关中秋节的一些神话传说以及中秋习俗等;《常回家看看》一曲,反映了中国人注重家庭、孝顺老人的中华民族传统美德,是中国"孝"文化的体现;《青春修炼手册》一歌,则充满了青春气息,能够带给学生积极主动的身心体验。

第三类:**古典歌曲**,适用于高级水平学习者。

古典歌曲主要指包含中国传统文化元素的歌曲。这些歌曲在创作中融入了古代文化典故或者古诗词,但采用现代音乐原理进行编曲演唱。其将古典文化与现代艺术形式相结合,在编曲、配器上以中国传统乐器为主,而在编曲和唱法上引入了西方的蓝调、摇滚、说唱等形式,加入低音,使歌曲的节奏感更强。

古典歌曲内涵丰富,有深远的寓意,比较适合汉语水平较高的学习者。很多古典歌曲包含有古诗词佳句或者相关典故及丰富的传统文化,不仅浓缩了中国传统文化精华,而且蕴含着为人的大智慧。除此之外,古典歌曲也注重韵律和修辞,给人带来无限美的享受。因此,在将古典歌曲引入汉语课堂时,要先学会字词,结合创作背景引导学生体会歌曲中缊含的主题思想、情感态度,进而体悟歌曲所蕴含的哲理,包括对人生的思索,或对世事的洞察,或对历史的感悟。

中国古典歌曲有其独特的古典韵味,一方面是因其根植于中国的传统民族文化,另一方面是因为它符合人们的文化和审美追求,这主要体现在"诗、词、曲"中。我国的诗词文化博大精深,很多古典歌曲直接引用名人佳作,赋予了歌曲清雅高洁的韵味。如根据苏轼《水调歌头·明月几时有》一词改编而成的《但愿人长久》,这首歌传递了月亮在中国有着团圆、美满的象征意义,寄托了对亲人好友的思念之情及美好的祝愿。

目前,中国的古典歌曲创作热潮方兴未艾。2018年初,中央电视台播出的《经典咏流传》吸引了众人的目光,该节目"和诗以歌",赋予了古诗词"新面貌",将诗词与音乐结合形成新的歌曲,让大家重新认识了古典诗词,古诗词的文化意蕴再次得到大家的审视,优秀的传统文化以新姿态让听众耳目一新。

总之,中国音乐在汉语教学中的应用,不仅可以激发外国汉语学习者学习汉语的热情,而且在潜移默化中接受汉语的影响并简化学习难度,增强学习者的汉语语感和语言文化感知力。将中国音乐运用到汉语教学中,既能丰富课堂教学的趣味性和文化性,又能提高外国汉语学习者的汉语水平、学习热情、中国文化素养、感知交流能力等,在无形中增进了中华文化的传播。

第九章　旅游文化与汉语国际推广

中华文化是中华民族在长期历史发展中的伟大创造物,是整个民族智慧和创造力的结晶。在交往频繁的现代国际社会中,它的传播更加迅速,影响也更加广泛,尤其是"汉语热"潮流的到来,世界上有越来越多的人对中国文化产生了兴趣。在中国这一神秘东方古国辽阔版图上有着多姿多彩的生态环境,每年吸引着无数的游客到来。尤其在改革开放后,中国科技、经济发展迅猛,一跃成为世界瞩目的强国,愈发增强了对世界的吸引力。今天中国已成为继美国、意大利、法国、西班牙之后的第五大旅游国。旅游业的发展,为世界范围内的人类文化交流提供了新的平台,促进了跨地域、跨民族的人际交往,也极大促进了外国人学习汉语的需求。旅游成了加速汉语言文字国际化进程的催化剂,给汉语言文字的广泛交流带来了前所未有的兴旺景象,也为汉语国际推广带来新的机遇。

一、旅游对汉语学习的作用

语言与文化的密切关系决定了汉语作为第二语言教学与中国旅游文化之间有着紧密的联系,他们之间是相互依存、互相渗透、彼此补充的关系。汉语作为第二语言教学离不开中国旅游文化这一重要内容,中国旅游文化也离不开汉语国际推广这一语言载体和教学形式。汉语国际推广能带动中国旅游文化不断向前迈进,中国旅游文化也能促进汉语教学与国际推广不断向外拓展,两者间保持着互利、互惠的关系,能够共同结合、相互促进。

(一)旅游有利于对汉语词汇的掌握

汉语国际推广的基础是汉语知识的学习,包括语音、词汇、语法等语言要素。旅游中往往涉及一些旅游专业领域的字、词、日常用语,例如,在旅游活动中交际所用到的问候语、住宿用语、问路用语等等,这些都需要通过旅游语言知识的学习才能掌握。掌握旅游语言知识,是学习汉语的重要组成部分,有利于对汉语语言知识的全面掌握。

在旅游汉语学习中，会出现许多关于旅游的专业词汇。这些词汇在一般语言中没有对应的词语，必须加以解释，否则第二语言汉语学习者就无从理解。胡明扬先生将这些词汇分为如下几类：

①受地理环境制约的语汇，如"梅雨""梯田""戈壁滩""熊猫""古城墙""塘潮""滑草""海市蜃楼"等。

②受特定物质生活条件制约的语汇，如"馒头""旗袍""四合院""坑"等。

③受特定社会和经济制度制约的语汇，如"科举""支书""下放"等。

④受特定精神文化生活制约的语汇，如"虚岁"、"黄道吉日"、"红娘"等。

另外，中国人有很多寓意吉祥的东西，比如玉石、香囊、如意等，这些物件在异国文化中是没有的，但在中国的旅游过程中又很常见，许多外国旅游者会对此类物件及物件涉及的中华文化非常感兴趣，并且主动询问"为什么中国人喜欢这些物件?""这些物件的寓意是什么?"等问题。

由于旅游活动往往包括食、住、行、游、购、娱六大要素，这些活动涉及的常用词语非常多，主要有以下各类：

食：菜单、特色菜、汤、米饭、馒头、面条、筷子、勺子、碗、盘子、味道、酸、甜、苦、辣、咸、点菜、买单、订餐等。

住：星级酒店、护照、订房、退房、大床房、标准间、叫早服务、水牌价、房费、房号、床单、被子、饮用水、非饮用水、热水、冷水等。

行：飞机、火车、船、高铁、地铁、大巴、检票、接机、行李牌、登机牌、卧铺、发车、改签、出发、到达、时间、预订、航班、绿色通道等。

游：景点、风景区、门票、入口、出口、度假区、指示牌、入境、出境、畅游、长途、观光、自由活动、小心、注意安全、逛街、冷、热、下雨、下雪、防晒、高原反应、大风等。

购：换钱、价格、贵、便宜、免税店、信用卡、刷卡、手机支付、刷脸支付、现金支付、购物小票、纪念品、打折、买一送一、特产等。

娱：漂流、滑雪、划船、攀岩、日光浴、滑草、滑沙、安全带、狩猎、跑马、蹦极、卡丁车、热气球、动力伞、射箭、飞镖等。

对于这些词汇，多数是在特定的环境下出现的，因此要特别加以解释。当然如果是在旅游过程中发生的，在有亲身体验的前提下来解释，是非常容易为汉语学习者所理解和领悟的。

(二)旅游有利于汉语技能的训练

语言学习是一种技能训练,而不是单纯的知识学习。在汉语国际推广中,语言交际能力的提高成为重点内容,尤其是汉语听、说技能及交际能力的训练。

1.汉语听、说技能训练

旅游不仅能增强汉语学习者的兴趣,而且能提高汉语学习效率。它既促进了我国汉语国际推广的发展,也大大加强了外国人对我国旅游资源的认识,促进了旅游业的发展,促进了各国跨文化交流,也弘扬了中国文化。旅游离不开交际,而交际离不开语言。旅游汉语属于专门用途汉语,涉及范围是旅游行业的食、住、行、游、购、娱等方面,社会交际性强,因此通过旅游汉语学习,能锻炼听力和口语技能。将汉语与日常生活结合起来,加强了学习者的口语训练,既方便旅游者在异地他乡的生活,深入了解体验中国语言文化,又可以学以致用,增添使用汉语的自信。

旅游汉语不同于基础汉语教学的另一个特点是,旅游汉语的语体介于口头表达和书面表达之间。旅游汉语具有表达自然流畅,在与人沟通中常常带有知识性、文学性、礼节性等特点。例如,导游汉语口语用词委婉谦和,它不同于普通汉语口语那么随性,在语体上带有典雅的风格,并且有一定的描述性且有比较固定的句式,如:介绍某地时常用"……是历史上著名的……"、介绍某种建筑时会用"……是……的代表性建筑",介绍某地的传说时则会用"在某某地流传着这样一个古老的传说……,"等等。这些表达句型是旅游汉语所特有的,是一种以书面语为基础而形成的口头文字语言表达形式。

2.交际能力的训练

旅游汉语涉及的交际范围非常广,囊括了旅游过程中的食、住、行、游、购、娱等方面,在旅游过程中最重要的言语技能就是听和说,旅行者还需要掌握与旅游有关的汉语交际能力,才能够顺利地进行旅游活动。旅游与文化也息息相关,在旅游汉语教学中应当同时注意文化的教学,注重跨文化交际能力的培养。

(三)旅游能获得更多中华文化知识

语言与文化密不可分,相辅相成。首先,语言是一种特殊的文化现象,它是文化的载体,也是文化的反映。不同民族、不同国家和地区的不同的价值观念、风俗习惯、宗教信仰、风土人情以及社会环境等都是本地民族文化的反映,而语言是展现这种文化差异性的最好载体。对于旅游来说,语言学习很大一部分需要依靠文化教学,汉语学习者在文化教学过程中,可以感受中国广阔的名山大川,了解中国的民族风情,认识中国的优秀文化。在旅游过程中,学习者能够亲自融入中国社会环境中,体验中国文化,并在这一过程中更为准确地了解与掌握汉语,正确学会运用汉语。

中华民族五千年历史长河中形成了广阔深邃的文化,它包罗万象,内涵十分丰富。中国旅游文化是中华名山大川、奇峰异岭、江河湖海的自然环境的展现,也是几千年来民间技艺、社会风俗、宗教信仰、园林建筑、语言文化等的认知和推广。旅游文化分为物质文化、制度行为文化、观念文化三类。其中,旅游物质文化包括名胜古迹、遗产文物、饮食文化等;旅游制度行为文化包括中国各种礼节、民俗、社会制度等;旅游观念文化包括价值观、文化作品、神话、寓言等。

1.旅游物质文化

①名胜古迹:中国的名胜古迹非常多,如外国人最感兴趣的长城和兵马俑。而绝大多数名胜古迹背后都蕴含着中国文化,因此,在旅游介绍中可以学习这些知识。如到西安旅游可以重点了解兵马俑以及对秦始皇这一历史人物的介绍;在长城旅游中,可以了解长城修建历史、功能及孟姜女哭长城的凄美传说。

②自然风光:目前,我国已成功申报世界遗产55项,其中,文化遗产37项、自然遗产14项、自然与文化双遗产4项,世界遗产总数、自然遗产和双遗产数量均居世界第一。如在长江三峡旅游中,可以学习中国第一大河、世界第三大河的相关知识,可以结合人民币背面图案做介绍;黄山旅游可以介绍佛、道、儒融合在中国文化的集中体现,自然景观则以"奇松、怪石、云海、日出"而闻名。

③饮食文化:中国饮食文化非常发达,有着悠久的历史和不同的口味。在介绍各地的口味方面,有一种说法"南甜北咸、东辣西酸"。例如,上海的"芙蓉鸡片",北方的"猪肉炖粉条",这些具有代表性的菜肴体现了南方和北方的不同特色文化。通过旅游中亲身体验饮食文化,进行南北方饮食对比,能够进一步了解中国的不同地域特征。在饮食习惯方面,最典型的就是节假日南北方饮食口味的差异。过年时北方人喜欢吃饺子,南方人喜欢吃汤圆。通过旅游,

在了解中国南北方饮食习惯差异的同时,还可以消除对中国饮食的疑问,适应饮食环境,尊重中国不同地区的饮食文化。

④住宅文化:中国地理广袤博大,各地旅游住宿的特点也很不一样,其建筑的特点也体现着不同的文化特点,例如傣族的干栏式建筑、北京的四合院等,都体现出不同地域的特色和不同的文化特征。

⑤出行文化:中国今天具有各种现代化的交通工具,如高铁、飞机和轮船,都是技术和文化的进步,尤其是中国的高铁,已经处于世界最先进的行列,至2019年底,中国高速铁路营业总里程达到3.5万千米,居世界第一,具有技术先进、安全可靠,价格低、性价比高,运营经验丰富等三大优势。这些交通工具体现了旅游设施的文化性和先进性。

2.制度行为文化

①民俗文化之婚俗:中国人很讲究结婚仪式,婚礼一般比较隆重,婚礼习俗非常多。通过在旅游中介绍中国的婚俗,可以了解中国历史民俗文化,从而了解中国人结婚的礼节与方式,这对跨文化交际会产生重要的积极影响。

②民俗文化之节日民俗:中国的四大传统节日包括春节、元宵节、端午节和中秋节。教学中可以介绍这些中国传统节日的由来与意义,以加深学习者对中华文化的了解,满足其对中国文化的好奇。

3.观念文化

中国人重视社交与人情、家庭观念等属于观念文化,充分体现了中国人热情好客、讲人情、重伦理等人生观、价值观。旅游通过学习者的亲身体验,对中国人的价值观、人生观及中国的历史文化价值都会有充分的了解,将会积极影响他们在与中国人交往上的态度和方式,从而减少跨文化交际冲突。

语言的学习如果脱离了所在国的文化是永远不可能真正学好和应用的,而旅游能够使人融入目的语国家的文化大环境中,在文化里感受语言,在语言中体会文化,将语言与文化紧密结合,真正做到掌握第二语言的真谛,同时深入理解目标文化。

二、旅游汉语课程设置

汉语往往被认为是最难学习的语言之一,旅游汉语课程是利用旅游资源,向汉语学习者传授旅游文化知识。通过生动的课堂教学,在增强学生兴趣的同时,既提高他们的汉语水平,也促进汉语国际推广的发展,不但能够大大加强汉语学习者对我国旅游资源的认识,而且可以促进旅游业发展,促进各国间跨文化交流。

(一)旅游汉语课程的特点

1.专业性

旅游汉语课程将汉语同旅游生活中的衣食住行结合起来,形成一门专门课程,是汉语国际推广细化的一个教育方向。与传统的基础汉语课程相比,其更具有专业性特点。

第一,旅游汉语的内容都与旅游相关,教材按照自然景区、历史文化景区、商业景区、城市景区、教育现代景区等多个要素进行场景编排,内容选用游客在旅游过程中需要实际进行交流的话语,并通过"导游词"的方式进行听力训练、阅读训练和写作训练,内容新颖,形式活泼,以其独特的方式吸引学生,成为对外汉语课程中的"新形式"。

第二,从语言形式来看,旅游汉语口语多于书面语,比较注重汉语交际的实用功能。在日常的交际中,有很多客套的书面语可以在口语中省略,使语言较为简洁,词汇较为简单。在介绍旅游景点时,多采用不同的修辞手法,主要句式为陈述句和感叹句。

第三,从语言结构来看,旅游词汇有其专业特点,这些词语出现在旅游活动中,体现了旅游这个行业的特色。如:领队、导游、地陪等。

2.文化性

旅游资源具有文化性,包括自然旅游资源和人文旅游资源。人文旅游资源充分体现文化的渗透性。中国是一个多民族国家,地域广阔,东西南北差异很大,不同的地理环境和生活条件形成不同的风土人情,从衣、食、住、行,到建筑艺术、人文景观等,都蕴涵着丰富的文化。例如,故宫代表着中国古代建筑的文化传统。它是中国古代宫廷建筑之精华,是世界上现存规模最大、保存最为完整的木质结构古建筑之一,被誉为"殿宇之海",气魄宏伟,极为壮观。无论是平面布局,立体效果,还是形式上的雄伟堂皇,都堪称无与伦比的杰作。故宫博物院更藏有大量珍贵文物,具有无与伦比的历史文化价值。

在汉语国际推广中,知识结构是基础,文化教学服务于语言教学;同时,文化教学可以促进学生的语言水平和交际技能的提高,学习一种语言也是学习语言背后的文化。因此,文化教学与语言教学紧密相连,文化教学强调解释语言交际中蕴含的文化因素,学习和了解中国的传统文化、人生观、价值观,以及思维方式,可以有效避免跨文化交际中产生不必要的摩擦和误解。旅游活动介绍风土人情的时候,往往带有地方特色和文化色彩。旅游汉语课程中适量地安排中华文化知识,让学习者了解中国的传统文化和悠久历史,能够促进知识的交流和文化的传播。

3.实用性

旅游汉语课程内容覆盖了旅游中出现的食、住、行、游、购、娱六大方面元素。课程教学内容是将汉语与日常生活结合起来,以情景对话训练为基础,反复出现语言点,强化汉语学习者的语感,从而加强听力及口语能力。通过训练学生们的口语表达能力、语言思维能力和自主学习的能力,提高汉语学习者的汉语水平,为真正的日常生活交际做好准备。旅游汉语课程的口语实用性的推广,既方便学习者异国他乡的生活,了解中国语言文化,又可以学以致用,使初学汉语的学习者有成就感,增加学习汉语的自信。

(二)旅游汉语课程的优势

1.中华文化学习与旅游的有效融合

语言是文化的载体,文化离不开语言。文化和语言是一个国家发展的软实力,二者相辅相成,缺一不可。因此,文化在语言中的重要性不言而喻。汉语国际推广中,汉语的学习也伴随着文化的学习,文化教学不可或缺,而旅游就是一种体验文化的过程,是学生亲身感受中华文化的一种重要方式。在旅游汉语课程中,可以将旅游知识和中华文化学习融为一体,游中有乐,游中有学。旅游汉语课程能将汉语学习中文化的学习和旅游结合起来,与传统的文化教学相比,将更有生命力,为汉语国际推广注入了新的活力。

2.增强学习的趣味性

大多数留学生都对中国的旅游文化有着浓厚的兴趣,旅游汉语课程以旅游文化为切入点,在欣赏和了解中华文化的同时学习汉语。这样既能达到汉语国际推广的目的,又能弘扬中华文化。在课堂上加入丰富的景点介绍,例如黄果树瀑布、云南石林等中国的著名景点,让学习者"走进大自然",感受自然与人文的结合。在介绍中国传统节日时,可增添一些有关节日的历史故事和神话故事。例如,在介绍端午节时,可以给同学们讲解端午节吃粽子和屈原的故事;在介绍中秋节时,可以讲授"嫦娥奔月"的故事和介绍苏东坡的《水调歌头·中秋》;在介绍春节文化时,可以讲解中国除夕夜的各种民俗,等等。旅游汉语课程能够做到在愉快的气氛中进行教学,使课堂变得生动有趣,极大地吸引学生们的注意力,进而提高汉语教学质量,从而达到教学目的。

3.突出以学生为中心的教学模式

汉语国际推广以培养学生的汉语交际能力为目标,其教学模式正由传统的"传授知识为中心"向"培养学生能力为中心"转变。特别是旅游汉语课程能通过情景训练,模拟贴近生活的场景,让学生们进行角色扮演,进而锻炼学生们的思维能力、口语能力、创新能力以及潜在的表达能力。将语言学习和实践活动相结合,让学生们"身临其境"地享受旅游的同时感受汉语,旅游汉语课程能够真正充分调动起学生们的主观能动性和创新思维能力。

(三)旅游汉语课程的教学方法

旅游汉语是一门注重实践应用的课程,随着中外交流活动的增多,其在汉语国际推广中的地位日益受到重视,并且成为汉语国际推广研究的一个新方向。因为传统教学模式在旅游汉语课程的教学中效果并不明显,所以探索新的教学模式、教学方法尤为重要。在旅游汉语课堂上将任务教学法与情景教学法、视听法、听说法、功能法等教学方法相结合,能较好完成教学目的。此外,在信息化时代的今天,还可以借鉴翻转课堂模式,如微课、慕课等进行教学,激发学生的学习兴趣,提高课堂教学效率,达到更好的教学效果。

为突出旅游汉语的实用性,在教学中采取"做中学、学中做"的教学手段,不仅注重汉语知识的学习,更注重汉语意义的表达。汉语学习者将通过所学的汉语知识来完成设定任务,即在教学中通过任务的完成过程达到汉语学习的目的。在任务的实施过程中,让学生参与到任务中来,同时结合自身已有知识储备和经验去体验语言的实际运用,在沟通中产生互动、交流与合作。旅游汉语课程给汉语学习者创造更多的参与机会,充分发挥他们的学习主动性和积极性,在实践中自然习得汉语,学生的跨文化交际能力也会在无意识中有所提高。旅游汉语的教学应该遵循以下原则:

第一,知识与技能并重的学习原则。旅游汉语具有极强的专业性,它不仅具有语言课程教学的基本特点,同时它还包含了多种社会功能。如:文化交流、人际交往、商务服务、旅游接待等。旅游汉语教学应采用语言知识学习与技能并重的原则来设计课程的教学,充分让学生对所掌握的知识学以致用,强调在任务过程中培养汉语的实际运用能力。

第二,真实性原则。旅游汉语是真实旅游过程中对语言的需求结果,是双方沟通的桥梁。情景教学必须来源于我们日常的旅游活动,交际词语也应该是人们在日常生活中会普遍使用的生活用语。旅游汉语将在这些生活用语中选择适合学习的知识点,在交际教学时,教师必须明确语言课堂所需,再现社会情境的真实性,要给学习者明确的、真实的语言信息,让他们在真实或是模拟真实的教学情境中学会如何运用语言。

第三,互动性原则。旅游汉语教学的目的是为了交际,交际就必须有互动。旅游教学中有大量的互动,老师应该更多地创造互动机会,让每个学生都参与进来,注重师生间的互动、学生间的互动,从而改变传统的汉语教学中教师是教学的主导,学生配合教师完成教学任务的情况,改变学生很大程度上只是一味地接收老师的信息,没有信息的输出,听得懂但不会用的情况,真正达到学以致用的目的。

第四,趣味性原则。旅游是有趣的,而语言的学习较枯燥无味,教学过程中教师应运用幽默生动的语言、富有感染力的激情、灵活的教学技巧等最大限度地增强课堂教学的趣味性,从而激发学生的学习兴趣,使学生会学、好学、乐学,实现教与学的和谐,极大提高学习效率,实现汉语国际推广学以致用的最终目标。在旅游课程教学中适当融入电影电视教学、歌曲教学、旅游情境教学、多媒体教学等现代教学手段,和教师设计的任务有机整合起来,给学生一个全新的教学模式和学习体验,不但是对现有教学法的改善,还能为学习者创造最佳的语言学习环境,最终达到完成学习任务的目的。

第五,完整性原则。旅游汉语教学必须遵循完整性原则,应环环相扣,有统一的目标,围绕课程主题组织教学。精心设计的任务涉及一系列的教学环节,从课前的准备活动到课堂上的教学任务的完成,再到课后学生对所学知识的操练都是一个有机的整体,有一条学习的主线贯穿始终:首先,引课环节,复习以往旧知识引出新课内容,同时激活学生的语言输出能力;其次,课上教学内容的传授与学生互动相结合,寓教于乐地通过完成教学任务,将语言的学习融入教师精心设计的分任务中;最后,布置课后作业,再给学生提供操练语言的机会。

（四）旅游汉语中交际用语的文化教学原则

1.常用交际用语

旅游汉语是以培养语言交际能力为主要目的的,交际用语是课程的主要内容,是旅游汉语文化教学的重点之一。交际用语包括以下方面:

第一,称呼语。汉语的称呼语具有独特的语用文化内涵。在中华文化中,称谓是一个复杂的课题,对于不同身份的人有着不同的称呼,与西方国家相比,其内容非常繁复庞杂。如英语的"uncle"和"aunt"就囊括了中国的"伯父、叔叔、舅舅"及"伯母、姑姑、阿姨"等不同称谓,因此,在旅游汉语中与人打招呼时,要在介绍汉语亲属称谓语时适当地进行扩展,并对其如此复杂的原因进行解释说明。同时,中国人习惯用亲属称谓语去称呼陌生人,比如在旅游汉语涉及寻求帮助的句子中,常常会用到"爷爷""奶奶""叔叔""阿姨"等称呼,这样既可以表示礼貌,又增加亲切感,无形中拉近了与陌生人之间的距离,使对方愿意接受你的询问,并欣然为你提供帮助。

第二,问候语。问候是出于对别人的关心,以达到加强情感的目的。问候语短小精悍,能够拉近人与人之间的距离,表达出自己对别人的尊重。问候语一般语句简单,取材于人们日常生活中常用的交际口语。中国人见面时常用的问候语有:"你吃了吗?""身体好吗?""近来怎么样?""病好了吗?"等。这些问候语在交际过程中并不是真正问对方这些实际的问题,而是意义的泛化,具有打招呼或引起话题的功能,具有中华文化的特色。在旅游汉语中要特别对此类语言进行解释,否则外国人会觉得非常奇怪。

第三,道别语。道别是用于表示分别的言语。中国人在道别时除了用"再见""拜拜""晚安"等词汇外,还会用"希望以后再见面""我会记住你的"这些语言,它们都是意义的泛化,具有道别的功能。

第四,道谢语。道谢是指用言语表示感谢。一般用语"谢谢""感谢""非常感谢"等,但也会用"麻烦您了""给您添麻烦了""永世难忘""感激不尽""多亏你了"等色彩更浓烈的语言。这些说法都带有强烈的中国人非常谦逊的特色。

第五,道歉语。道歉是对不适当或有危害的言行承认不是的语言,用礼节或者行动征得对方的理解和原谅。常用的道歉语有"对不起""请原谅""不好意思""深表歉意""请多包涵"等。在道歉语的使用上中西方存在着很大差异,中国人认为道歉是自己弥补错误的行为,不会轻易使用,而英美人则认为道歉是尊重他人人身利益的工具,所以会经常使用,他们会常常说"sorry""I'm sorry""excuse me"等。这种文化差异一定要在旅游汉语的文化教学中体现出来。

第六，敬语和谦辞。敬语是敬称他人或与其有关的人和事，向其表达尊敬和仰慕的一类词语；谦辞是谦称自己或与自己有关的人和事，向人表示谦卑和自谦的一类词语。如"您""贵姓""久仰""劳驾"等词语的应用是对他人的尊重；而"拙荆""鄙人"等是自我谦逊的表现，是中国文化最基本的交际规约，这些在旅游汉语的教学过程中应重点强调。

第七，褒奖和辞让。传统中华文化教育人们要谦虚，因此当中国人听到别人对自己称赞的时候，通常会回答"哪里哪里"或者"过奖了"等等，体现出中国人谦虚、辞让的美德。而西方人听到对自己称赞的时候，会回答"Thank you"，表示接受了对方的称赞。这种文化上的差异也需要在文化教学中进行讲解。

第八，隐私与禁忌。隐私是当事人不愿他人知道或他人不便知道的个人信息，是当事人不愿他人干涉或他人不便干涉的个人私事，也是当事人不愿他人侵入或他人不便侵入自己的个人领域。隐私问题包括：年龄、收入、婚姻状况等。中国人在人际交往中不太避讳这些问题，常常会与好友沟通交流或分享此类问题，但西方人对此类问题一般较忌讳。因此，在旅游汉语中对这些禁忌避讳都需要提前向游客进行解释说明，以避免造成不必要的矛盾。

2.交际用语文化教学原则

第一，文化教学服务于语言教学。在汉语国际推广中语言教学是目的，而文化教学是手段，两者相辅相成，缺一不可。旅游汉语教学首先是语言教学，虽然其中含有的文化教学内容较多，但不会影响语言教学的主体地位。如果文化教学独立于语言教学之外，那么就会造成语言教学与文化教学的脱节，学习者无法通过文化教学所掌握的知识去帮助理解语言知识，达不到理想的教学效果。所以，应根据教学内容需要，在教学过程中合理安排语言教学与文化教学的比重。

第二，尊重多元文化，规避敏感话题。每个民族和国家都有自己独特的文化，这些文化是平等的，没有高低贵贱之分，因此尊重不同文化是交际的基础。文化教学过程中教师要注意文化的多样性，尊重多元文化，在不同文化的对比教学中，加深对于来自不同地区不同国家汉语学习者的理解。同时，教学要规避政治、宗教等敏感话题，以及其他不当的言论。

第三，文化教学内容选择适当。在旅游汉语教学过程中，所涉及的文化知识教学内容很多,范围较广,授课教师不可能把所有的文化内容都进行讲解,这样势必会影响到语言教学的进度。那么就需要授课教师对文化知识教学内容进行筛选,选取关联性大的内容,对有助于语言教学的文化知识内容进行详细讲解。

三、游学中国项目

(一)游学中国项目及其意义

据中外语言交流合作中心(原国家汉办)测算,目前除中国外,全球学习使用汉语的人数已超过1亿。中国热和汉语热已遍及全世界。学汉语的最好途径之一就是来中国旅游,到实地感受汉语和中华文化的魅力。

外国学生到中国旅游可以现场领略汉语和中华文化的独特特色,激发起外国学生的学汉语热情。旅游是课堂学习汉语的延伸和拓展,在"浸入"式汉语环境中学习、交流与体验中国的真实生活,能够快速掌握纯正、鲜活、实用的汉语,使汉语学习变得更直观、更透彻。世界各地热爱学汉语的学生又是中华文化的传播者,他们可以持久地影响周围的人喜欢上中国文化。学汉语和到中国旅游相互辉映、相得益彰。一些外国学生来华旅游后,重新设计了自己的人生发展轨迹,把自己和中国联系在一起,旅游不仅让他们看到更广阔的世界,也实现了一次自我发现。

2017年,原国家汉办旗下的汉考国际和携程旅游网组织了"游中国"的活动。活动招募了不同国家孔子学院学中文的学生,让他们不仅领略中国的大好河山,还深度体验中华传统文化与人文风情,为全球汉语学习者定制了汉语汉学中国游。希望通过这种游学中国的活动,吸引更多的外国人学汉语、游中国。之后一批批不同国家、不同肤色的外国学生远道而来。例如,2017年,来自俄罗斯、乌克兰、哈萨克斯坦、尼泊尔、巴基斯坦、印度等国家的留学生,假期来到孔子的诞生地曲阜体验中国儒家文化;2017年底来自世界各地的60余位外籍博士生踏上了"中华文化游学"之旅,体验了"江南丝茶瓷文化""南孔儒学""多元宗教文化"等多姿多彩的文化活动,为外籍学生深入了解、研究中国提供了绝佳的学习机会。

（二）游学中国项目的优势

第一，与普通旅游团相比，游学中国选择合适的旅游学习项目，学习内容针对性更强。在游学中，深入体会现代中国的元素，帮助学生清楚地认识当代中国。

第二，在这种体验式的文化活动中，一边为游学学生提供真实的文化经历，从文化的内部来理解中国文化特征，一边提供用汉语交际交往的机会，培养学生的语言学习能力和汉语交际能力。

第三，游学能提高对汉语知识的学习。在学习汉语时，成语、惯用语、习语、谚语、诗歌等对外国学生来说比较难以理解，仅仅通过语言描述往往不能够真正解释清楚，而游学能让学生有更深入的体验，让学生在真实环境中体会感悟并掌握语言知识，使得记忆更加牢固。

（三）游学中国项目的作用

第一，调动学生的积极性。游学中国作为体验式文化教学手段，在汉语国际推广中非常重要，它能够充分调动学生的汉语学习积极性和自主学习的能动性。

第二，削弱文化差异的影响。体验文化教学法能将中华文化更好地展现给每一个汉语学习者，帮助学生更好地掌握中华文化的内在含义和文字之间的联系以及相应的文化精神，减少文化差异对于教学质量和学习效率的影响，提高汉语国际推广的教学水平。

第三，提供真实的语境体验。在真实的语境下让学生体验本土地道的汉语，感受自然的汉语发音语调，使学生能摆脱书本汉语的影响，自然地运用这些生活化、口语化的词句。

第四，实地体验中华文化。在旅游中感受到的中华文化是更为立体的感受，学生可以充分利用他们的视觉听觉感官用心感受，甚至可以学习一些简单的中华技艺，在乐趣中体会深厚的中华文化，将更有助于汉语教学以及中华文化的传播。

旅游是一种走出教室学习和运用语言、了解中国文化的理想途径。俗话说"读万卷书""行万里路"，如今许多汉语作为第二语言的学习者无论是长期学习还是短期进修，都愿意到中国来旅游体验。他们一方面想学习掌握当代汉语的用法，认识了解当代中国的发展实况，另一方面又想亲身感受中国文化,体验不同的民俗、人文或自然风光。旅游正是学习汉语和体验文化的直接有效途径,通过旅游能使他们更好地融入中国、了解中国文化,从而达到学习汉语和传播中华文化的目的。在旅游文化的学习中,旅游汉语课程教学与游学中国项目能将汉语知识和对中华文化的学习有机融合在一起,通过游学中国,可以进一步掌握汉语知识,理解中华文化,为中国文化的走出去增添力量。

参考文献

[1]程裕祯.中国文化要略[M].北京:外语教学与研究出版社,2017.

[2]阴法鲁,许树安.中国古代文化史[M].北京:北京大学出版社,1991:30.

[3]葛晨虹.中国礼仪文化[M].北京:经济科学出版社,2001.

[4]许慎.说文解字·叙[M].北京:中华书局,1963.

[5]宗白华.艺境·美学与艺术略谈[M].北京:北京大学出版社,1987.

[6]顾观光(辑).神农本草经[M].兰州:兰州大学出版社,2004.

[7]田季生,贺润坤.中国传统文化概论[M].北京:科技出版社,2012.

[8]赵新良.建筑文化与地域特色[M].北京:中国城市出版社,2012.

[9]吴良镛.中国建筑与城市文化[M].北京:昆仑出版社,2008.

[10]刘敦桢.中国古代建筑史[M].上海:中国建筑工业出版社,1984.

[11]吴畏.中国文化符号解读[M].上海:复旦大学出版社,2017.

[12]李燕.汉语国际教育规划论集[M].天津:南开大学出版社,2017.

[13]王学松.面向第二语言教学的中华文化与跨文化传播研究[M].北京:北京师范大学出版社,2014.

[14]苏峰.中华文化——学与行[M].北京:冶金工业出版社,2006.

[15]冯天瑜,何晓明,周积明.中华文化史[M].上海:上海人民出版社,2015.

[16]陆俭明.汉语国际教育与中华文化国际传播[J].同济大学学报(社会科学版),2015,26(2):79-84.

[17]杨海.中华文化传播与国际文化软实力提升研究[J].新闻文化建设,2020(01):101-103.

[18]亓华.汉语国际推广与文化观念的转型[J].北京师范大学学报(社会科学版),2007(4):118-125.

[19]刘筱杉.论"一带一路"倡议下汉语国际推广中的文化自信问题[J].西北民族大学学报(哲学社会科学版),2018(05):177-183.

[20]张利满.汉语国际推广与中华文化传播如何落地生根[J].人民论

坛·学术前沿,2017(13):92-95.

[21]贾涵.汉语言文化国际推广战略问题及策略分析[J].中华文化论坛,2016(07):62-68.

[22]蔺磊.以汉字教学促进汉语国际教学与推广[J].语言文字应用,2015(01):74-81.

[23]程程,李延林.对外汉语教学中的文化导入研究[J].现代语言学,2019,7(1):7-14.

[24]董学峰.汉语国际推广存在的问题及对策[J].东北师大学报(哲学社会科学版),2016(01):58-62.

[25]沈敏,唐贤清.论汉语国际推广背景下的对外汉字教学[J].湖南社会科学,2013(04):241-244.

[26]宋海燕.汉语国际推广与武术的国际化传播[J].新闻爱好者,2011(24):36-37.

[27]罗公利,李玉良.试论儒家思想的对外传播[J].齐鲁学刊,2010(06):29-34.

[28]陈羿竹,傅亚庶.关于"六书"理论应用在对外汉字教学中的研究[J].湖北民族学院学报(哲学社会科学版),2014,32(02):113-117.

[29]王悦欣.汉字的审美与表达[J].河北学刊,2017,37(2):198-201.

[30]白庆良.古代汉语中的礼貌称呼用语[J].语文天地,2007,(13):35.

[31]陆亚芳.汉语称谓语的文化内涵[J].东华大学学报(社会科学版),2006(02):35-37.

[32]庄晚芳.中国茶文化的传播[J].中国农史,1984(2):61-65.

[33]李丽娜,施由明.机遇与挑战:"一带一路"与中国茶叶和茶文化走向世界[J].农业考古,2017(05):98-101.

[34]李萍.中国茶文化海外传播研究[J].福建茶叶,2020,42(7):259-260.

[35]曹洪欣.发展中医弘扬中华优秀文化[J].中医杂志.2011(01):1-3.

[36]何则华.对中医学世界观和方法论的思考[J].求医问药(下本月)2012(02):14-15.

[37]尹冬青.中国传统哲学对中医学的影响[J].世界中西医结合杂志,2007(06):324-325.

[38]薛芳芸,许馨.谈中医与中国传统文化的关系[J].中国中医药现代远程教育.2013(12):139-140.

[40]鲁馨遥.汉字书法教学在对外汉语教学中的应用[J].东南大学学报

（哲学社会科学版），2015,17(S2):176-177.

[41]阮静.非物质文化遗产与对外汉语教育[J].中南民族大学学报(人文社会科学版),2012,32(03):176-178.

[42]赵培远,武灵.龙的文化内涵兼及英语的 dragon[J].汉字文化,2003(04):51-54.

[43]陈光磊.语言教学中的文化导入[J].语言教学与研究,1992(3):19-30.

[44]李泉.文化内容呈现方式与呈现心态[J].世界汉语教学,2011(3):388-399.

[45]李宇明.汉语传播的国际形象问题[R].上海:首届汉语跨文化传播国际研讨会,2014.